Eine Bildreise

Eckernförde, Schwansen und die Schlei

Gernot Kühl/Heinz Teufel/Ellert & Richter Verlag

Gernot Kühl
geb. 1959 in Eckernförde, schlug nach seinem Studium und der Ausbildung zum Realschullehrer die journalistische Laufbahn ein. Nach einem Volontariat folgte die Übernahme als Redakteur bei der „Eckernförder Zeitung". Seit 1993 ist er Redaktionsleiter. Für den Ellert & Richter Verlag verfaßte er die Bildreise „Schleswig und die Schlei" sowie das Kapitel „Schwansen" in dem Band „Das Große Schleswig-Holstein-Buch".

Heinz Teufel
geb. 1949, studierte an der Fachhochschule für Gestaltung in Kiel und ist als Landschaftsgestalter, Bildhauer und Fotograf tätig. Seine auch auf zahlreichen Ausstellungen präsentierten Fotos veröffentlichte er unter anderem in den Zeitschriften „Geo", „Merian" und „Saison". Im Ellert & Richter Verlag erschienen von ihm der Kalender „Auf Noldes Spuren", die Bildreisen „Lüneburger Heide", „Auf Noldes Spuren", „Schleswig und die Schlei", „Der Nord-Ostsee-Kanal", „Hiddensee", „Usedom" und „Rügen" sowie der Editionsband „Monets Garten".

Bildnachweis:
Fotos: Heinz Teufel, Eckernförde
außer: Damp Holding AG, Damp: S. 95 (2 Fotos)
Reinhard Scheiblich, Hamburg: S. 36, 64/65, 86 r.
Karte: ADAC-Verlag, München

Titelabbildung:
Eckernförder Bucht

Literatur:

Kannenberg, Ernst-Günter: Die Steilufer der Schleswig-Holsteinischen Ostseeküste, Probleme der marinen und klimatischen Abtragung. Schriften des Geographischen Instituts der Universität Kiel, Bd. XIV, Heft 1, Kiel 1951

Gripp, Karl: Erdgeschichte von Schleswig-Holstein. Hrsg. von der Schleswig-Holsteinischen Universitäts-Gesellschaft, Neumünster 1964

Bonsen, Uwe: Die Entwicklung des Siedlungsbildes und die Agrarstruktur der Landschaft Schwansen vom Mittelalter bis zur Gegenwart. Schriften des Geographischen Instituts der Universität Kiel, Bd. XXII, Heft 3, Kiel 1966

Voigt, Kurt und Karl Seemann: Chronik Damp, Damp 1994

Heimatbuch des Kreises Eckernförde, Bd. 1, 3. Aufl., Eckernförde 1967

Heimatbuch des Kreises Eckernförde, Bd. 2, 3. Aufl., Eckernförde 1972

Jahrbücher der Heimatgemeinschaft Eckernförde, Jg. 47/1989, 50/1992, 53/1995, 54/1996 und 55/1997

Bronnmann, Wilhelm: Schwansen – Beschreibung einer Landschaft, Eckernförde 1988

Rumohr, Henning von: Schlösser und Herrenhäuser im Herzogtum Schleswig, 3., überarbeitete Auflage, Würzburg 1987

Rumler, Andreas: Schleswig-Holstein – Kultur, Geschichte und Landschaft zwischen Nord- und Ostsee, Elbe und Flensburger Förde, Köln 1997

Habich, Dr. Johannes, Dr. Deert Lafrenz, Dr. Heiko K. L. Schulze u. Dr. Lutz Wilde: Schlösser und Gutsanlagen in Schleswig-Holstein – Kunst- und kulturgeschichtliche Streifzüge, Hamburg 1998

Kühl, Gernot und Heinz Teufel: Schleswig und die Schlei – Eine Bildreise, Hamburg 1996

Das große Schleswig-Holstein-Buch, Hamburg 1996

Landschaftsplan der Stadt Eckernförde, Eckernförde 1991

Teufel, Heinz und Christoph Rohde: Eckernförde – Portrait einer Ostseestadt, Hamburg 1994

Heidbrink, Michael und Heinz Teufel: Der Nord-Ostsee-Kanal, Hamburg 1995

Die Deutsche Bibliothek – CIP-Einheitsaufnahme

Eckernförde, Schwansen und die Schlei/Gernot Kühl/Heinz Teufel. – Hamburg: Ellert und Richter, 1999
(Eine Bildreise)
ISBN 3-89234-827-8

©Ellert & Richter Verlag GmbH, Hamburg 1999

Dieses Werk einschließlich aller seiner Teile ist urheberrechtlich geschützt. Jede Verwertung außerhalb der engen Grenzen des Urheberrechtsgesetzes ist ohne Zustimmung des Verlages unzulässig und strafbar. Dies gilt insbesondere für Vervielfältigungen, Übersetzungen, Mikroverfilmungen und die Einspeicherung und Verarbeitung in elektronischen Systemen.

Text und Bildlegenden: Gernot Kühl, Eckernförde
Lektorat: Dirk Brietzke, Hamburg
Gestaltung: Büro Hartmut Brückner, Bremen
Lithographie: Offset Repro im Centrum, Hamburg
Druck: Lechte Druck GmbH & CO. KG, Emsdetten
Bindung: S. R.Büge, Celle

Inhalt

Zwischen der Eckernförder Bucht und der Schlei, begrenzt von den Städten Eckernförde und Kappeln, liegt Schwansen: 29 Kilometer lang, zwölf Kilometer breit, 250 Quadratkilometer groß. Zwischen der Bucht mit ihren Naturstränden, Campingplätzen und Steilufern und der abwechslungsreichen Förde Schlei, auf der vor 1200 Jahren schon die Wikinger von Haithabu aus in die Welt aufbrachen, haben die Landwirte das Sagen – Besitzer großer Ländereien meist, aber auch noch viele kleinere Betriebe.

Am Anfang jedoch war Eis. Viermal kam es im Laufe der Jahrhunderttausende aus Richtung Norden. Aber erst die letzte Eiszeit vor rund 15 000 Jahren, das Weichselglazial, schuf die Voraussetzungen für die Geländeformation, die wir heute kennen – eine wellige Landschaft mit lehmhaltigen Böden und einer mittleren Höhe von mehr als 20 Metern, die zur Ostsee und Schlei hin abflacht.

Ein weltweiter Temperatursturz um sechs bis acht Grad hatte Nordeuropa mit einer dicken Eisschicht überzogen. Kilometerdick lag die ungeheure Last auf den skandinavischen Bergen. Der enorme Druck, den die Eismassen ausübten, setzte die Gletscher in Bewegung. Die Eismassen rissen alles mit, was ihren Weg nach Süden kreuzte. Berge von Schutt, Geröll und Erdreich vom feinsten Sandkorn bis zum tonnenschweren Findling mit sich führend, formten die Gletschermassen auch das Land zwischen den Meeren: Schleswig-Holstein. Im Zusammenspiel von Gletscherzungen, Grund- und Stauchendmoränen, Sandern, Urstromtälern, Toteislöchern, ausgeschürften Senken, Wannen und Schmelzwasserrinnen entstanden die fruchtbare Marsch im Westen, der sandige Geestrücken und das östliche Hügelland mit der Halbinsel Schwansen.

Die eigentliche Form Schwansens mit seiner ausgeprägten Küstenlandschaft bildete sich allerdings erst in der Nacheiszeit heraus. Während der Eiszeit waren riesige Wassermengen als Eis gebunden. Der Meeresspiegel war weltweit um bis zu 100 Meter gesunken. Infolge des Temperaturanstiegs schmolz das Eis, der Meeresspiegel stieg wieder an, Nord- und Ostsee füllten sich allmählich, die von Gletscherzungen und Schmelzwasserrinnen geformten Buchten und Förden führten Wasser. Vor 8000 Jahren lag der Meeresspiegel der Ostsee etwa 20 Meter unter dem heutigen Niveau. Das von den Naturgewalten frisch präparierte Land erlebte in dieser Periode gleichsam eine Bodensenkung, was den Prozeß der Konturierung beschleunigte.

Die heutige Küstenlinie an der Eckernförder Bucht mit den Steilufern, Ausgleichsküsten und Nehrungen wurde in ihrer Grundstruktur erst vor rund 4000 Jahren gebildet.

An der ursprünglich unregelmäßig verlaufenden Küstenlinie kam es durch Wind und Wellen zu Abtragungen und Anlandungen, das Abbruchmaterial wurde von der küstenparallelen Strömung mitgerissen und woanders wieder angespült – das Prinzip Ausgleichsküste. An den vorspringenden Moränenhalbinseln nagte das Meer besonders: Es entstanden Steilufer, die bis heute Wind und Wellen ausgesetzt sind. Jahr für Jahr ringt das Meer der Küste Zentimeter um Zentimeter ab, an einigen Stellen durchschnittlich 80 Zentimeter. Das knapp 20 Meter hohe Schönhagener Kliff – neben Booknis, Waabs und Hemmelmark eines der vier großen Schwansener Steilufer – hat nach Vermessungsergebnissen von 1874 bis Anfang der fünfziger Jahre auf einer Länge von 1,5 Kilometern rund 5,5 Hektar fruchtbaren Ackerboden verloren. Das Abbruchmaterial wird mit der küstenparallelen Strömung nordwärts zur Schleimündung getragen, wo in regelmäßigen Abständen der künstlich geschaffene Durchstich zur Schlei ausgebaggert werden muß.

Woanders entstanden Nehrungen, kleinere Buchten wurden geschlossen, was die Bildung von Strandseen wie dem Aassee zwischen Karlsminde und Ludwigsburg zur Folge hatte.

Ein Fest der Farben: Unter rotem Segel gleitet eine Yacht auf der blauen Schlei in Höhe Bukenoor bei Guckelsby an gelben Rapsfeldern entlang Richtung Schleswig. Segler genießen das Naturschauspiel nur allzu gerne.

Im Nordwesten grenzt die Schlei Schwansen zur Landschaft Angeln ab, gleichzeitig markiert sie die Grenze zwischen den Kreisen Rendsburg-Eckernförde und Schleswig-Flensburg. Über 40 Kilometer lang zieht sich der „Schleistrom", wie die Ostseeförde früher genannt wurde, von Schleimünde bis nach Schleswig. Auch die Schlei ist ein Produkt der Eiszeit und ihrer nachfolgenden Prozesse. Vor der Landsenkung befand sich hier vermutlich ein von Schmelzwasserströmen geformtes, eiszeitliches Tal. Bei Missunde ist die Förde gerade mal 135 Meter breit, in der Großen Breite bei Schleswig dehnt sich die Schlei auf vier Kilometer aus und ist ein beliebtes Segelrevier. Die Ufer der Schlei beziehen ihren besonderen Reiz aus der abwechslungsreichen Landschaft, dem steten Wechsel stiller Buchten und Noore, grüner Uferwiesen und belebter kleiner Segelhäfen.

Ebenso prägend wie die Eckernförder Bucht und die Schlei sind die beiden Hafenstädte, die die Halbinsel Schwansen mit ihren markanten Wahrzeichen nach Süden und Norden hin abschließen – Eckernförde und Kappeln. Für die etwa 13 000 Bewohner Schwansens und die Urlauber sind sie die wichtigsten Zentren. Eckernförde war bis 1970 Kreisstadt des gleichnamigen Landkreises, der sich aus den Landschaften Dänischer Wohld, Hüttener Berge und Schwansen zusammensetzte. Durch die Gebietsreform verschmolzen die beiden Kreise Rendsburg und Eckernförde

zum flächenmäßig zweitgrößten Kreis in Deutschland. Eckernförde hatte damit seinen Status als Kreisstadt verloren.
Wer abseits der einzigen Bundesstraße (B 203), landläufig Schwansenstraße genannt, die Gegend erkundet und durch eines der 13 Dörfer oder eine der umliegenden kleinen Siedlungen kommt, wird einen weiteren Vorzug erkennen: Schwansen ist relativ dünn besiedelt. Im Sommer steigt die Zahl der Bewohner allerdings um ein Vielfaches an, da die Campingplätze und Quartiere meist ausgebucht sind und das Ostseebad Damp als Urlaubs- und Freizeithochburg seine Anziehungskraft auf die Urlauber aus den Ballungszentren nicht verfehlt. Echte Abgeschiedenheit gibt es nur noch saisonal oder für Insider, die selbst im Sommer noch kilometerweit auf einsamen Routen durch die Natur wandern oder radfahren können.
Erstmals dürften Menschen vor 12 000 Jahren in einer etwas wärmeren Periode der Altsteinzeit ihren Fuß in das gerade entstandene Jungmoränengebiet Schwansens gesetzt haben. Die ältesten Funde, die auf menschliche Existenz hinweisen, stammen aus dem Raum Kosel im Südwesten Schwansens. Auch in der mittleren (ab etwa 8 000 v. Chr.) und jüngeren Steinzeit (ab 3 500 v. Chr.) sowie der Bronze- und Eisenzeit (ab etwa 1 800 v. Chr. und ab 800 v. Chr.) haben Menschen im Raum Kosel, Bohnert, Gammelby, Rieseby und Brodersby gelebt, wie zahlreiche Fundstücke belegen. An vielen Stellen dokumentieren Hünengräber und andere große Grabanlagen, wie etwa das 4500 Jahre alte Karlsminder Langbett, das aus über 100 tonnenschweren Findlingen besteht und drei Grabkammern enthält, die frühe Besiedlung dieser Region. Doch trotz all dieser Spuren – Schwansen war äußerst dünn und nur punktuell besiedelt. Das änderte sich erst nach Christi Geburt. In den ersten beiden Jahrhunderten setzten Kolonisten aus dem Norden, genauer aus Angeln, ihren Fuß über die Schlei in das nahezu menschenleere Waldgebiet. Sie kamen über die

Die exponierte Lage Schleimündes wird aus der Luft am deutlichsten: Wo Schwansens Nordspitze und Angelns Nehrung aufeinandertreffen, ist das Fischerdorf mit dem großen Segelhafen Maasholm zu erkennen. Die Schlei war einst zur Wikingerzeit die wichtigste Verbindung des Handelszentrums Haithabu mit dem gesamten Ostseeraum.

Schleienge bei Missunde, das Ornumer Noor und die Koseler und Kollholmer Au und siedelten in unmittelbarer Nähe der Wasserstraßen. Häuser aus Holz und Schilf dienten als Unterschlupf; kleine Felder, Viehzucht, Fischfang und der Verzehr von Waldfrüchten sicherten das Überleben der Menschen, die außer eisernen Äxten und dem Räderpflug über keinerlei Hilfsmittel verfügten. Der Siedlungsschwerpunkt verlagerte sich in den nächsten Jahrhunderten von den wassernahen Gebieten nach Osten Richtung Pommerby und Kasmark. Im 5. und 6. Jahrhundert verlieren sich mit der Völkerwanderung die Spuren menschlicher Besiedlung in Schwansen.

Zunächst bleibt die Gegend menschenleer – mit wohl nur einer Ausnahme: Loose. Der Ortsname weicht von den umliegenden, vorwiegend durch jütische Namensgebung bestimmten Orten ab und deutet auf einen sehr alten, eisenzeitlichen Ursprung hin. Die Ortsnamensforschung kennt verschiedene Deutungsversuche bis hin zur Möglichkeit eines Kurznamens – generell ein Indiz für eine sehr alte Siedlung. Die Fundlage weist auf eine Looser Ansiedlung in der Wikingerzeit im 9. und 10. Jahrhundert hin. Urkundlich wurde Loose erstmals 1339 erwähnt.

Erst die Wikinger und die Metropole Haithabu hauchten dem über weite Teile mit dem „Isarenhoe“ (Eisenwald) zugewucherten Schwansen wieder etwas Leben ein. Sie brachten Kultur in ein wildes Land, besiedelten die schleinahen Gebiete bei Bohnert, Kosel, Weseby und Bienebek. Doch Schwansen gehörte keinesfalls zum „Speckgürtel“ Haithabus und spielte für die Könige der Meere, Eroberer und glänzenden Handwerker keine große Rolle, so daß die Auswirkungen auf die Besiedlung des Raumes zwischen Schlei und Ostsee alles in allem gering waren. Das sollte sich erst nach der Zerstörung Haithabus 1066 durch die Wenden ändern. Die alten Strukturen waren zerschlagen, und die dänischen Könige dehnten ihren Machtbereich nach Süden hin über die Schlei aus. Die Schleiregion und damit auch Schwansen standen vor einem Neubeginn. Jütische Bauern aus Angeln

Eingerahmt von Wasser schmiegt sich Eckernförde um die Bucht. Die früher offene Verbindung zwischen Bucht und Noor wurde in den zwanziger Jahren im Zuge einer Arbeitsbeschaffungsmaßnahme zugeschüttet.

und Dänemark wurden nun auch südlich der Schlei seßhaft. Augenscheinlich wird die dänisch-jütische Besiedlung bei den vielen Dörfern, die auf -by enden. Im Nordosten Schwansens gilt die vermutlich vom Schleswiger Herzog Knut Laward kurz nach 1100 errichtete Oldenburg mit dem Ort Mynnæsby auf dem Strandwall bei Schleimünde als Ausgangspunkt der Besiedlung. Mynnæsby wurde Mitte des 13. Jahrhunderts vom Meer überspült. Nach Süden hin war Schwansen immer noch weitgehend durch den Eisenwald abgeschlossen, und erst nach der Rodung des „Isarenhoe" belebten ab der zweiten Hälfte des 13. Jahrhunderts sächsische Siedler das Gebiet. 1260 kam der Landstrich zwischen Schlei und Eider und mithin auch Schwansen als Pfand erstmals in den Besitz der holsteinischen Grafen aus dem Hause Schauenburg. 28 Jahre später ging es ganz in den Besitz der Holsteiner über. Seitdem stand die Besiedlung Schwansens ganz im Zeichen sächsischer und niederdeutscher Einwanderer.

Das imposante Karlsminder Langbett ist etwa 4500 Jahre alt und enthält drei Grabkammern. Die riesige Grabanlage auf einer Anhöhe zwischen Karlsminde und Ludwigsburg ist mit über 100 tonnenschweren Findlingen befestigt.

Auffallend bei der Besiedlung Schwansens im Spätmittelalter sind die eng an die Kirchspielgrenzen gebundenen Siedlungsräume in Karby, Sieseby, Waabs, Rieseby, Borby (seit 1934 Stadtteil Eckernfördes) und Kosel. Erst die Entstehung der charakteristischen Gutsherrschaft, die unabhängig von der Kirchspieleinteilung war, beseitigte die enge Grenzziehung. Ende des 14. Jahrhunderts entbrannten im westlichen Schwansen an der Schlei heftige Kämpfe um den Besitz des Herzogtums zwischen den holsteinischen Grafen und der dänischen Königin Margarete. Öl ins Feuer der Auseinandersetzungen goß der Schleswiger Bischof Johann Scondelef mit seiner Parteinahme für die dänische Krone. Die Folge waren schwere Verwüstungen durch die Holsteiner in den zum Bistum zählenden Schwansener Dörfern und Befestigungsanlagen. Der Bischofssitz Stubbe wurde vollkommen zerstört, auch die von dem dänischen König Erich VII. erbaute Königsburg bei Bohnert war umkämpft.

Noch nicht erforscht ist die Rolle, die ein weiteres markantes Bauwerk am Schleiufer gespielt hat, die Schwonsburg bei Sundsacker, die auch aus dieser Zeit stammen dürfte.

Mitte des 15. Jahrhunderts wurden zahlreiche Dörfer gegründet, viele davon, vor allem in Schleinähe um Stubbe, befanden sich im Besitz des Bischofs.

Die gewaltigen Dachflächen der Scheunen auf Gut Hemmelmark werden nicht in (kleinbürgerlichen) Quadratmetern, sondern in Hektar berechnet. Der finanzielle Rahmen, der auch Gutsbesitzer zur Kosten-Nutzen-Kalkulation zwingt, verhindert in der Regel die Wiederherstellung der Originalbedachung aus Reet.

Aus den imposanten Herrensitzen (Curien) der Edelleute wurden im 16. und 17. Jahrhundert autark wirtschaftende Gutshöfe. Die einstmals in eigenständigen Verwaltungs- und Gerichtsbezirken, den sogenannten Harden, organisierten Bauern wurden Abhängige der Gutsherren, die Zahl der von Bauern bewirtschafteten Hufen sank von 530 im Jahre 1450 auf 224 im Jahre 1750.
Schwere Verwüstungen und Mißhandlungen mußten die Bewohner Schwansens im Dreißigjährigen Krieg (1618–1648) und im 1. Nordischen Krieg (1655–1660) zwischen Schweden, Polen, Rußland und Dänemark erleiden. Auch der 2. Nordische Krieg (1700–1721) hinterließ eine Spur der Verwüstung.
Erst der zwischen Schweden und Dänemark geschlossene Friedensvertrag von Frederiksborg beendete 1720 die Kämpfe des 17. und 18. Jahrhunderts.

Fortan erblühten die Güter zu reichen, die Landschaft prägenden Anwesen.
Ende des 18. Jahrhunderts wurde die Leibeigenschaft aufgehoben, doch die Lebensumstände der Menschen änderten sich zunächst kaum. Die Güter behielten ihre große Bedeutung. Erst die Mechanisierung in der Landwirtschaft Mitte des 20. Jahrhunderts änderte die Struktur grundlegend: Maschinen ersetzten und verdrängten Menschenhand, Landarbeiter und Verwalter wurden zu Berufen mit Seltenheitswert. Der technische Fortschritt veränderte nicht nur die Landwirtschaft, sondern auch die übrige Infrastruktur Schwansens. Reichte bis zum Ende der fünfziger Jahre die Kleinbahn zwischen Kappeln und Eckernförde, die auf zahlreichen Kleinbahnhöfen Station machte, den Schwansenern als Verkehrsmittel vollkommen aus, so heißt es heute vor allem an den Sommerwochenenden „Achtung Stau!“ auf der Schwansenstraße, der Hauptverkehrsader, die die Urlauberströme zur Ferienhochburg Damp und auf die großen Campingplätze an der Ostseeküste bringt.

Zwischen Klein Waabs und Gut Hülsenhain bzw. der Siedlung Rothensande erhebt sich der 50 Meter hohe Mexrader Berg. Von dieser Anhöhe aus reicht der Blick bis zur Ostsee und zum Ostseebad Damp. Auf den weitläufigen Feldern wird Raps angebaut, der zur Blüte im Mai seinen süßen Duft über ganz Schwansen legt. Pappeln säumen die kleine Gemeindestraße.

Das Bukenoor bei Guckelsby ist eine der zahlreichen abgeschiedenen Ausbuchtungen der Schlei. Das von einer Anhöhe aufgenommene Foto zeigt eine Reiterin und ihren Schimmel, die abends ein geruhsames, kühlendes Bad in der Schlei genießen. Im Einklang mit der Natur werden in einer Atmosphäre, wie sie wohl kein anderer Meeresarm außer der Schlei zu bieten hat, Kräfte für den neuen Tag gesammelt.

Eingerahmt von alten Holunderstämmen und Rosen steht eine wunderschöne alte, weiß gekalkte und reetgedeckte Kate am Schleiufer in Sieseby – Idylle pur. Das unter Denkmalschutz stehende Unterdorf von Sieseby gehört, wie auch dieses Anwesen, zum größten Teil der herzoglichen Familie zu Schleswig-Holstein-Sonderburg-Glücksburg, die das einzigartige Ensemble mit großem Aufwand erhält.

Eine typische Landschaft in Schwansen: weite, leicht hügelige Felder mit noch grünem Weizen, gelb blühendem Raps und einzeln stehenden Eichen. Wie hier beim Gut Hemmelmark in der Gemeinde Barkelsby kann die Landschaft auf Feldwegen erwandert und erlebt werden. Die Landwirtschaft prägt das Bild auf der 250 Quadratkilometer großen Halbinsel.

Land's End wäre eine treffende Bezeichnung für Schleimünde. Das Ein- und Ausgangstor zwischen Ostsee und Schlei ist bis auf die erforderlichen Aushubarbeiten an der Fahrrinne weitgehend naturbelassen und dient zahlreichen Seevögeln als Rückzugsgebiet. Segler genießen die Durchfahrt vorbei am schwarzweißen, 28 Meter hohen Leuchtturm, der 1871 erbaut wurde.

Der Wind und die Wellen der Ostsee holen sich das zurück, was die skandinavischen Gletscher in den Eiszeiten vor weit über 10 000 Jahren geformt haben. Das Schönhagener Kliff, eines von drei großen Steilufern in Schwansen, ist knapp 20 Meter hoch und wird immer weiter landeinwärts gedrängt – bis zu 80 Zentimeter pro Jahr. Vermessungen haben ergeben, daß im Zeitraum von 80 Jahren knapp sechs Hektar fruchtbares Ackerland vom Meer davongespült wurden.

Wie die Ostsee Schwansen umgibt, so steht das Wasser auch in ursächlichem Zusammenhang mit der Namensgebung für die Halbinsel, die 1231 („in swansø"), 1260 („uidelicet Svansio") und 1261 („in svansä") in unterschiedlicher Schreibweise erwähnt wird. Ob nun „Schwanensee" oder „Schwaneninsel", auf jeden Fall stammt der ursprüngliche Name aus der nördlichen Region um Karby, in der es wie sonst nirgendwo Orte und Gewässer mit Bezug zum Landschaftsnamen Schwansen gibt: Schwonsberg, Schwonendahl, Schwonsbek oder den Schwansener See, der besagter „Schwanensee" sein dürfte. Diesen Landstrich zwischen Schlei und Ostsee haben sich im Mittelalter die Landesherren, Kirchenfürsten und Ritter als Umgebung für Burgen und zur Errichtung von Herrschaftssitzen und Wirtschaftshöfen auserkoren. Fruchtbarer Boden, natürliche Transportwege auf dem Wasser und die Nähe zum weltlichen und geistlichen Zentrum Schleswig machten die Halbinsel zum bevorzugten Flecken. Der Grundbesitz der Kirche und des Adels erreichte enorme Ausmaße. Durch Zukauf oder Tausch erwarben die Grundbesitzer große zusammenhängende Gebiete. Mächtigster Grundherr in Schwansen war zunächst die Kirche, genauer das Domkapitel zu Schleswig, das Mitte des 14. Jahrhunderts durch Seelengaben in den Besitz großer Ackerflächen und vieler Bauernstellen gekommen war. Ein Jahrhundert später hatte die Kirche nochmals deutlich an Grundbesitz zugelegt: Die Curie Espenis, der Einzelhof Damp, die Dörfer Karby, Gereby, Winnemark, Rinkenis, Brodersby, Höxmark, Stubbe und Büstorf befanden sich komplett und die Dörfer Kopperby, Karlsberg, Schuby, Sieseby, Thumby, Pommerby, Bösby, Guckelsby, Rieseby, Norby, Patermeß, Borby, Kasmark, Groß-Gammelby und Bohnert teilweise im Besitz des Klerus. Nach Quellen des Bistums Schleswig sollen auch die Curien Kohöved (Ludwigsburg) und Maasleben dazugehört haben. 1465 kaufte das Domkapitel noch die Dörfer Kosel und Weseby hinzu und befand sich damit auf dem Höhepunkt seiner Macht als Großgrundbesitzer in Schwansen. Verwaltet wurden die Ländereien von der bischöflichen Burg zu Stubbe.

Mit dem Zurückweichen der königlich-dänischen Macht aus dem Herzogtum Schleswig und der Verpfändung des Gebietes südlich der Schlei an die Schauenburger Grafen 1260 und 1288 erwarben auch holsteinische Adelsfamilien Grund und Boden in Schwansen, den bekannte adlige Geschlechter wie die Sehestedt, Ahlefeldt und Reventlow im weiteren Verlauf des Mittelalters beträchtlich erweiterten. Seit 1524 übte die Ritterschaft auf ihren Ländereien die Gerichtsherrschaft aus. Mit dem Einsetzen der Reformation verschlechterte sich die finanzielle Lage der Kirche, die weitere Ländereien an den vermögenden Adel verkaufen mußte. Es war schon mehr als eine glückliche Fügung für die Großgrundbesitzer, daß der letzte katholische Schleswiger Bischof ein Mitglied der Adelsfamilie Ahlefeldt war. Die Familienbande wogen wohl stärker als das Wort des Papstes und des Landesherrn, denn Gottschalk von Ahlefeldt verkaufte gegen ihren ausdrücklichen Wunsch fast alle Schwansener Besitztümer zur Begleichung von Schulden an den Adel: Brodersby, Höxmark, Nübbel, Gereby, Büstorf und Stubbe. Mitte des 16. Jahrhunderts besaßen die Edelleute fast die gesamte Halbinsel Schwansen mit Ausnahme der Dörfer Ellenberg, Loitmark, Rinkenis, Borby, Kosel, Weseby und eines Teils von Gammelby. Der Adel hatte nun das unumschränkte Sagen in Schwansen. Große, selbständige Bewirtschaftungs- und Verwaltungseinheiten entstanden, das Zeitalter der adeligen Gutshöfe in Schwansen begann. Die Bezeichnung „adeliges Gut" ist übrigens als Rechtsbegriff zu verstehen. Der Gutsherr verfügte über weitgehende Privilegien wie Polizeigewalt, Gerichtsbarkeit und Zollfreiheit. Mit dem Inkrafttreten der „Renovirten Landes-Matricul von 1652" konnten dann auch Bürgerliche ein adeliges Gut führen.

Die immense Ausdehnung der Gutsländereien hatte historische und wirtschaftliche Ursachen und erfolgte durch

Blick von einer Anhöhe bei Waabs Richtung Ostseebad Damp/Ostsee. Die für die Landschaft typischen Knicks sind Begrenzung, Windfang und Biotop in einem.

Umwandlung wüster Hufen in Gutsland, durch Niederlegung besetzter Hufen und durch Neurodung. Mit der großangelegten Landwirtschaft ließ sich damals viel Geld verdienen. Zwischen 1500 und 1600 stiegen die Preise für Roggen und Schweine um das Vierfache. Mit Beginn des 17. Jahrhunderts stellten die Betriebe zunehmend von der Ochsenmast auf die immer lukrativer werdende Milchwirtschaft um. Die Milchviehbetriebe hießen „Holländereien", weil die Fachleute zur Haltung von Kuhherden und Verarbeitung von Milch mangels Erfahrung im eigenen Land aus Holland kamen.

Die im 17. Jahrhundert einsetzende starke Ausdehnung der Gutsländereien machte die Gründung von kleineren Verwaltungseinheiten, den Meierhöfen, erforderlich, die in der Regel durch eine Abtrennung vom Gutshof erfolgte. Um 1650 gab es in Schwansen 14 Güter und neun Meierhöfe. 1750 lag die Zahl der Gutsherrschaften unverändert bei 14, die Zahl der Meierhöfe jedoch schon bei 18. Zudem zählten 26 Bauerndörfer und fünf Katensiedlungen zum Besitz der Güter. Bis zur Aufhebung der Leibeigenschaft im Jahr 1805 war die Zahl der selbständigen Güter auf 20 angestiegen, zu denen 29 Meierhöfe gehörten.

Ein Gut umfaßte in der Regel neben dem Gutshof und den dazugehörigen Landarbeiterhäusern noch mindestens ein Bauerndorf, aus dem der Gutsherr sein Personal rekrutierte. Die Arbeitskraft der Landarbeiter war das eigentliche Kapital der Gutsbesitzer. Die Ländereien bestanden zum einen aus dem Kernbereich des Gutshofes, dem Hofland oder Hoffeld, zum anderen aus dem Bauern- und Hufenland.

Das Dienstverhältnis zwischen der Herrschaft und den Bauern, Mägden und Knechten war ein ganz besonderes: Bis 1804 waren die einfachen Bauern Leibeigene des Gutsherrn. Ohne dessen Zustimmung durfte kein Leibeigener das Gut verlassen, Leibeigene mußten sich bei der Berufswahl und der Heirat ganz den Wünschen des Gutsherrn fügen und waren in Rechtsfragen vom Urteil und der Milde ihrer Herren abhängig. Als Gegenleistung für diese Abhängigkeit versorgte der Gutsherr die Armen, Kranken und Alten, unterhielt die Häuser, stellte die Ausstattung der Bauernstellen und bezahlte den Lehrer und den Pastor.

Ohne die Hofdienste der unfreien Bauern, die sie als Entgelt für die überlassenen Ländereien leisteten, wäre der Gutsbetrieb undenkbar gewesen. Den

1742 ließ der Damper Gutsherr Johann Rudolph von Ahlefeldt das St. Johannis-Stift für Arme bauen. Der heutige Besitzer hat das unter Denkmalschutz stehende Ensemble vor den Toren von Vogelsang-Grünholz liebevoll restaurieren lassen.

Umfang der Hofdienste bestimmte einzig und allein der Gutsherr. Er konnte auch nach eigenem Ermessen Bauernland dem eigenen Hofland zuschlagen – ein Recht, von dem die Gutsherren reichlich Gebrauch machten. Im gleichen Maße, wie die Zahl der Hufen abnahm, wuchs unter diesen Vorzeichen das Hofland der Güter, die im 18. Jahrhundert planmäßig zu Großbetrieben ausgebaut wurden.

Steigender Bedarf an Getreide, Milchprodukten und Holz, die Erschließung neuer Absatzmärkte sowie die Pachterträge vor allem der Holländereien ließen die Einnahmen und Gewinne kräftig steigen. Die wirtschaftliche Blüte fand ihren Niederschlag nicht zuletzt im herrschaftlich-repräsentativen Ausbau der Gutsanlagen und ihrer Herrenhäuser.

Immer weniger Bauern mußten immer mehr Gesinde und Fuhren bereitstellen, um immer mehr Land, vornehmlich Hofland für den Gutsherrn, zu bearbeiten. Diese ausweglose Situation vieler Leibeigener blieb auf Dauer nicht ohne Folgen: Auf einigen Gütern kam es zu Unruhen. Um einem drohenden Aufstand vorzubeugen, hoben weitsichtige Gutsherren die Leibeigenschaft von sich aus auf. Als vorbildliches Beispiel gilt Gereby, das heutige Carlsburg, das unter dem Einfluß des Landgrafen Carl von Hessen bereits 1790 und damit als erstes Gut seine Bauern in den Dörfern Winnemark, Karby und einem Teil von Kopperby freigab. Es folgten die Güter Dörphof (1793 mit dem Dorf Karlsberg), Maasleben (1794, Holzdorf, Söby, Thumby), Loitmark (1796, Teil von Kopperby, Ellenberg), Saxtorf (1798, Loose, Basdorf, Norby), Olpenitz (1798, Olpenitzdorf), Stubbe (1800, Guckelby), Büstorf (1800, Sönderby) und Grünholz (1800, Schuby). Die Leibeigenschaft auf den übrigen Gütern wurde 1805 per Gesetz aufgehoben.

Gutsherr und Hufner handelten nach der Aufhebung der Leibeigenschaft am 31. Dezember 1804 in der Regel Erbpachtverträge aus, in denen sich die Bauern oftmals verpflichten mußten, Hand- und Spanndienste zu leisten. Von völliger Freiheit konnte also noch nicht die Rede sein. Das lag unter anderem auch an der Mentalität der jahrhundertelang unfreien Bauern in Schwansen, die sich erst ganz allmählich an das neue Freibauerntum gewöhnten. Die Hüttener Bauern beispielsweise, die keine Leibeigenschaft kannten, sollen auf dem Eckernförder Wochenmarkt im Gegensatz zu ihren Schwansener Standesgenossen sehr selbstbewußt aufgetreten sein. In Schwansen hingegen fanden erst unter preußischer Verwaltung auch die letzten Einschränkungen ein Ende. Aus den adeligen Gütern waren damit reine Wirtschaftsbetriebe geworden, die nun zunehmend auch von vermögenden Bürgerlichen geführt wurden. Bis auf wenige Ausnahmen – Büstorf und Carlsburg – hatten bis zum Ersten Weltkrieg die Nachfahren aller Schwansener Gutsbesitzer des Jahres 1804 ihren angestammten Gutsbesitz ganz oder teilweise verloren. Was bereits in der zweiten Hälfte des 18. Jahrhunderts mit der Auflösung der Adelsgüter begonnen hatte, setzte sich mit den großen Agrarreformen um 1800 fort: Die Güter wurden aufgeteilt, Meier- und Bauernhöfe entstanden. Aus der Aufhebung der Feldgemeinschaft und dem Verkoppelungsgebot bildete sich eine Knicklandschaft in Schwansen heraus, die bis Mitte des 20. Jahrhunderts vorherrschend war. Die großen Ländereien der 50 Großbetriebe (26 Haupthöfe, 24 Meierhöfe und Großparzellen) machten mit über 10 000 Hektar gut die Hälfte der gesamten landwirtschaftlichen Nutzfläche Schwansens aus, die andere Hälfte teilten sich 400 bäuerliche Betriebe und 525 Nebenerwerbsstellen.

Die Ereignisse des 20. Jahrhunderts sorgten für einschneidende Bodenreformen. Eine wichtige Funktion erfüllt die 1913 gegründete Schleswig-Holsteinische Höfebank, die 1936 in Schleswig-Holsteinische Landgesellschaft umbenannt wurde. Sie hat maßgeblichen Anteil an der Entwicklung der Landwirtschaft. Zwischen 1918 und 1964 hat die Landgesellschaft in Schwansen die Gutshöfe Birkensee (1930), Carlsburg (1952), Loitmark (1955) und Mohrberg

(1962) gekauft, parzelliert und neu aufgesiedelt. In diesem Jahrhundert wurden auf diese Weise 1700 Hektar Gutsland in bäuerliche Nutzfläche umgewandelt.

Das Bestreben der Landgesellschaft, möglichst vielen Menschen eine Existenzgrundlage zu verschaffen, verhalf nach dem Zweiten Weltkrieg auch Flüchtlingen aus dem Osten zu einem Neuanfang auf Schwansener Boden. Mit den Großgrundbesitzern handelte die Landgesellschaft das legendäre 30 000-Hektar-Abkommen aus: 30 000 Hektar Gutsland, Carlsburg und Loitmark aus dem Besitz der herzoglichen Familie zu Schleswig-Holstein-Sonderburg-Glücksburg, wurden an Bauernfamilien vergeben. Aus dem 304 Hektar großen Gut Carlsburg erwuchsen ein Resthof für den Pächter (98 Hektar),

zwölf Bauernhöfe (zusammen 116 Hektar) und 28 Nebenerwerbs- und Landarbeitersiedlungen (12 Hektar). Weitere 53 Hektar dienten zur Aufstockung von Kleinbetrieben in Winnemark und Karby, 25 Hektar wurden zu öffentlichen Flächen.

Gutshöfe und Herrenhäuser erreicht man über herrschaftliche Alleen. Diese von einem imposanten Blätterdach überwölbte Straße zweigt zwischen Hemmelmark und Ludwigsburg von der Landstraße nach Hohenstein ab.

Die Bevölkerungszahl Schwansens hatte sich 1950 mit 20 681 Einwohnern gegenüber 1939 (9886) mehr als verdoppelt. Die nun massiv einsetzende Mechanisierung und der Strukturwandel in der Landwirtschaft machten die menschliche Arbeitskraft auf den Höfen immer entbehrlicher, die Zahl der Landarbeiter ging rapide zurück. Schlepper verdrängten die Pferde, Mähbinder und Dreschmaschinen wurden durch Mähdrescher ersetzt, Pferdeställe und Kornscheunen wurden überflüssig. Parallel zu diesem Strukturwandel setzte eine schleichende Landflucht ein, die für einen Bevölkerungsrückgang auf 13 945 Einwohner im Jahr 1961 sorgte – das entspricht ungefähr auch dem heutigen Stand.

Einer, der die letzten wechselvollen Jahrzehnte auf einem Gut miterlebt hat, ist Friedrich Burmeister, langjähriger Inspektor auf Gut Hohenstein. 1948 fing der geborene Sinkenthaler unter Baron Kurt von Schroeder als Wirtschafter auf Hohenstein an. Der einstige Meierhof Hemmelmarks war 1719 ein eigenständiger Gutsbetrieb geworden und beschäftigte Ende der vierziger Jahre des 20. Jahrhunderts über 35 Leute. Heute sind es noch zwei. Dafür, daß Hohenstein erst 1936 Strom bekam, war es mehr als fortschrittlich, als bei Burmeister schon 1952 ein Fernsehapparat stand, der die Wohnstube häufig zum Kinosaal für die Leute vom Hof werden ließ. Noch heute wohnt Friedrich Burmeister in dem gutseigenen Reetdachhaus an der L 26. Dem Baron rechnet er noch immer hoch an, daß er damals keine Leute entlassen hat. „Wer als guter Mann anerkannt war, hatte es recht gut", blickt Friedrich Burmeister zurück. Es gab Stundenlöhner und Deputatisten, die für ihre Arbeit Getreide, Ferkel, Feuerung und Kartoffelland bekamen. Als die Landwirtschaft noch reine Handarbeit war, zeigte sich, wer ein guter oder ein weniger guter Landwirt war. „Man war noch dem Boden verhaftet", berichtet Burmeister von einer tiefen Verbundenheit mit dem Land und einem ausgeprägten Wissen über die naturnahe Bewirtschaftung. Disteln stechen, Rüben hacken und mit der Hand vereinzeln – all diese Arbeiten sind heute überflüssig, „weil es für jedes Unkraut ein Spritzmittel gibt".

Während früher die Betriebe sehr vielseitig ausgerichtet waren, Getreide, Zuckerrüben und Kartoffeln anbauten, Milchvieh hielten und Schweine züchteten, überwiegen heute Monokulturen, die mit entsprechend großen Maschinen und wenig Personal intensiv bewirtschaftet werden. Vorübergehend fallende Milchpreise konnten damals mit guten Getreideernten wieder ausgeglichen werden. Was heute biologischer Anbau ist, war früher Standard, erklärt Friedrich Burmeister. „Damals konnte man gar nicht anders", weil es Spritzmittel und Dünger nicht gab. „Wer heute Biolandwirt werden will, muß sich nur die alten Fruchtfolgen von 1950 ansehen."

Das frisch gepflügte Feld bei Gut Hülsenhain wirkt wie eine zu Erde gewordene Dünung der See. In harmonischen Wellen breitet sich das herbstliche Ackerland in kräftigem Dunkelbraun aus. Hinter den Schleppern vollführen kreischende Möwenschwärme wahre Kunstflüge, um die Regenwürmer zu erhaschen, die mit der Erde nach oben gepflügt werden.

Die Rinder finden – wie hier bei Ludwigsburg – reichlich Nahrung auf dem Weideland. Im Frühjahr wird der grüne Speiseplan der Kühe durch leuchtend gelbe Butterblumen bereichert. Nicht nur die angestammten Rassen Schwarzbunt, Rotbunt und Angeliter findet man auf den Wiesen, sondern auch zottelige, urwüchsige englische und französische Rinder, die so robust und genügsam sind, daß sie auch im Winter im Freien gehalten werden können.

Prunkstücke der Schwansener Gutslandschaft sind zweifellos die Herrenhäuser. Sie stehen nicht nur im Zentrum der Höfe, sondern verkörpern auch die stilvolle Lebensart des Adels und sind wertvolle Baudenkmäler. So wechselvoll die Geschichten und Besitzverhältnisse der Herrenhäuser im einzelnen auch sind, folgen die Bauten doch klaren konzeptionellen Vorgaben. Über zwei Dutzend Herrenhäuser sind über die Halbinsel Schwansen verteilt. Wer die Landschaft abseits der Schwansenstraße auf Land-, Kreis- und Gemeindestraßen erkundet, stößt irgendwann unweigerlich auf einen der imposanten Gutshöfe. Auf guten Straßenkarten sind die schloßartigen Herrenhäuser von Ludwigsburg, Grünholz, Damp oder Carlsburg eingezeichnet. Lohnenswerte Herrenhaus-Routen sind die Nebenstrecke von Eckernförde nach Damp, eine reizvolle, kurvenreiche Allee, und die Strecke von Eckernförde über Sieseby nach Winnemark.
Die herrschaftlichen Großbauten sind architektonisch überaus reizvoll. Zuweilen scheinen die erstaunlichen Herrenhäuser aus einer anderen, mitunter geheimnisvoll bis unheimlich wirkenden Welt zu stammen, zumal in der Dämmerung, wenn der Nebel aufzieht oder der Sturm die Turmspitzen, Zinnen oder Portale umweht. Ihre mächtigen Mauern, ihre Kellergewölbe, die Wassergräben und die teilweise noch vorhandenen unterirdischen Gänge vermögen der Phantasie des Betrachters Flügel zu verleihen.
Charakteristisch für die älteren Güter sind die inneren und äußeren Gräben: Der eine schützt das Herrenhaus, der andere umgibt den gesamten Wirtschaftshof. Oft bilden die Zufahrt zum Gut, gerne als Allee angelegt, die Einfahrt durch das Torhaus und der in gebührender Entfernung sichtbare Treppenaufgang zum Herrenhaus eine Flucht. Die Anordnung der Gebäude eines Gutes – Herrenhaus, Kuhhaus, Torhaus und Kornscheune – ist keineswegs zufällig, sondern folgt symmetrischen Ordnungskriterien. Während sich Tor- und Herrenhaus gegenüberliegen, grenzen Kuhhaus und Kornscheune den Hofplatz zu den Seiten hin ab. Die übrigen Gebäude vom Pferdestall bis zur Wagenremise gruppieren sich um diese zentrale Einheit. Das älteste Herrenhaus Schwansens steht in Damp. Melchior von der Wisch, ein gebildeter und weitgereister Mann, ließ es von 1595 bis 1597 wohl nach dem Vorbild des vom berühmten Baumeister Herkules Oberberg erschaffenen Tönninger Schlosses bauen. Lange konnte er sich nicht an dem stolzen Haus erfreuen. Seine Frau Anna vergiftete ihn 1598. In alten Chroniken wird berichtet, daß das furchtbare Gift den Edelmann förmlich auseinandergeborsten haben soll. Einer Sage zufolge erscheint der unglückliche Melchior alljährlich in seiner Todesnacht auf einem weißen Roß, kommt über die Brücke, reitet dreimal um das Herrenhaus, springt über den Burggraben und verschwindet wieder. Auch solche Überlieferungen tragen zur Legendenbildung rund um die Schwansener Herrenhäuser bei.
Während Ludwigsburg und Eschelsmark und wohl auch Olpenitz ebenfalls auf älteren Grundmauern ruhen, begann die große Epoche des Herrenhausbaus im 17. und 18. Jahrhundert. Bedingt durch den wirtschaftlichen Aufschwung der Gutshöfe in dieser Zeit ließen sich die Gutsherren prächtige Residenzen errichten. Da wären Grünholz (1749) oder das alte, 1648 von Cai von Ahlefeldt erbaute und am 2. Weihnachtstag 1847 abgebrannte Herrenhaus in Saxtorf. Ein Nachkomme des reichen und äußerst befähigten Cai von Ahlefeldt und mehrere seiner Freunde sollen mit dem Hausmädchen beim Bettenmachen „charmiert" haben, beim Fortlaufen fiel das brennende Licht auf das Bett und setzte alles in Brand. Nach der

Eine überaus prächtige, lange Lindenallee führt vom Park aus direkt zum Herrenhaus Damp. Von den über zwei Dutzend Schwansener Herrenhäusern ist Damp das älteste.

Renaissance (Damp) und dem Barock (Ludwigsburg, Grünholz, Olpenitz, Krieseby und Büstorf) brachte der Klassizismus strengere Formen in die Architektur, wie das Beispiel Carlsburg (1785) besonders deutlich zeigt. Auch im 19. und selbst im 20. Jahrhundert wurden einige Herrenhäuser gebaut, bei denen die Einflüsse anderer Länder zu erkennen sind. So wurde das neue Saxtorfer Herrenhaus (1851/52) im Tudorstil errichtet, in Bienebek (1840/41) ließ der Besitzer Gustav Anton Schäffer den bereits auf Saxtorf bewährten Architekten Friedrich Stammann ein Herrenhaus nach Schweizer Vorbild bauen, und in Hemmelmark entstand unter der Ägide von Prinz Heinrich von Preußen, dem Bruder des letzten deutschen Kaisers, ein neues, großes, vom preußischen Hofbaurat Ernst von Ihne entworfenes Herrenhaus im englischen Cottage-Stil (1903/04). Häufig waren dort Kaiser Wilhelm II. und der letzte russische Zar Nikolaus II. zu Gast. Prinz Heinrich war übrigens ein überaus ambitionierter Automobilist – stets fuhr er den neuesten Benz –, organisierte Zuverlässigkeitsprüfungen und erfand 1908 den Scheibenwischer. Nach dem frühen Tod seines gleichnamigen Sohnes ließ Prinz Heinrich 1905 in der Nähe des Herrenhauses auf einem Hünengrab ein Mausoleum im byzantinischen Stil bauen, in dem der Leichnam des vierjährigen Heinrich seine letzte Ruhestätte fand. Ihm folgten 1929 der Bauherr selbst und 1953 dessen Gemahlin, Prinzessin Irene. Leider störten Grabschänder die Ruhe der Verblichenen mehrfach. An einem Wintertag in den siebziger Jahren wurde der Sarg des jungen Prinzen gestohlen und wenig später von schlittschuhlaufenden Kindern in einem Eisloch des Windebyer Noores wieder aufgefunden.

Stammsitz der herzoglichen Familie zu Schleswig-Holstein-Sonderburg-Glücksburg ist Gut Grünholz nahe Damp. Dort wohnt Prinz Christoph mit seiner Familie, von dort aus wird der große Grundbesitz des Hauses verwaltet. Weit über 2000 Hektar Land sind zu bewirtschaften sowie vier Schlösser und Herrenhäuser – allen voran Glücksburg, dann Louisenlund, Grünholz und Bienebek – zu unterhalten. Louisenlund steht ganz im Zeichen der Erziehung, Charakterbildung und Wissensvermittlung: Über 300 Internatsschüler aus der ganzen Welt büffeln im Landerziehungsheim für das Abitur. Im malerisch am Schleiufer gelegenen Herrenhaus Bienebek bei Sieseby lebt Marie-Alix Herzogin zu Schleswig-Holstein, die Mutter von Prinz Christoph.

Grünholz selbst wurde 1749 unter Ida Lucia von Thienen errichtet und befindet sich seit über einem Jahrhundert im Besitz der herzoglichen Familie. Bis heute ist das Herrenhaus bis auf einen kleinen Anbau an der Südfront und ei-

ne Terrasse nahezu unverändert geblieben. Es ist ein Querbau von neun Achsen, zum Hof hin zwei-, zum Park dreigeschossig. Das Innere des Hauses ist klar strukturiert und besitzt mit dem geschwungenen Treppenhaus ein verbindendes Element vom Keller bis zum Dachgeschoß. Die künstlerische Ausgestaltung der Räume, auch im Obergeschoß und in den Nebenräumen, ist durchgängig mit großer Sorgfalt vorgenommen worden, wobei der große Gartensaal mit seinen prunkvollen Ornamenten und dem kunstvollen Schnitzwerk zweifellos ein Glanzlicht setzt.

Ein faszinierender Bau, der dem von Grünholz äußerlich sehr ähnelt und offensichtlich vom selben Architekten erbaut wurde, ist Ludwigsburg, früher Kohöved, eine der beeindruckendsten barocken Gutsanlagen mit schloßartigem Herrenhaus. Es liegt an der Landstraße zwischen Eckernförde und Waabs und erhebt sich groß und mächtig hinter einem Wassergraben. Bauherr und Namensgeber war Friedrich Ludwig von Dehn, Statthalter in den Herzogtümern von 1762 bis 1771, der Kohöved 1729 kaufte, Gut und Herrenhaus ausbaute und letzteres mit Kunstschätzen füllte. 1739/40 war der Umbau des Herrenhauses abgeschlossen, 1768, nach seiner Erhebung in den dänischen Grafenstand, benannte von Dehn das Anwesen seinem Vornamen entsprechend in Ludwigsburg um. Der unverheiratete Gutsherr residierte mit großer Dienerschaft. 41 Bedienstete sind verbürgt, angefangen beim Koch über Kammerdiener, Kutscher, Reitknechte, Jäger, Verwalter und Lakaien bis hin zu 18 Hausmädchen. Nach seinem Tod 1771 kam das Gut 1776 durch Heirat in den Besitz der Familie von Ahlefeldt, die in einem Wäldchen unweit des heutigen Campingplatzes Ludwigsburg ein Mausoleum bauen ließ. Seit 1950 gehört

Das Schloß Louisenlund nördlich von Fleckeby liegt direkt an der Schlei. In dem prächtigen Gebäude, das Johann Hermann von Motz von 1772 bis 1776 in klassizistischem Stil erbaute, befindet sich heute ein renommiertes Landerziehungsheim mit Internat.

das Gut der Familie Carl. Das dreistöckige Herrenhaus ruht auf den Fundamenten älterer Bauten. Das erste Herrenhaus dürfte noch vor 1570 errichtet worden sein und taucht bereits in der Rantzauschen Tafel von 1586 als Abbildung auf. Die Rantzaus waren in dieser sehr bewegten, von einem erbitterten Zwist mit der Familie Brockdorff geprägten Zeit Besitzer von Kohöved. Um 1580 entstand das imposante Torhaus, das noch heute einen äußerst wehrhaften Eindruck macht. Der zweite Herrenhausbau wird auf Mitte des 17. Jahrhunderts datiert; das mit Türmen, Zwiebelhauben und Ausbauten reich ausgestattete Gebäude war nur über eine Zugbrücke zu erreichen.

Großartig und einzigartig ist die Bunte Kammer auf Ludwigsburg, die bereits das zweite Herrenhaus verschönt hatte und jetzt den Speisesaal im Erdgeschoß ziert. Die Wände des Raumes sind komplett vertäfelt. Jeder der aufwendig geschnitzten Rahmen ist mit einem Emblem bemalt. Insgesamt sind 145 kleine Bilder mit allegorischen Inhalten in fünf Reihen übereinander zu sehen, an der Decke befinden sich weitere 25 Szenen. Die Deutung der Abbildungen, die mit Sinnsprüchen in verschiedenen europäischen Sprachen versehen sind, diente offenbar der geistig anregenden Unterhaltung der Gäste. Eingerichtet wurde die Bunte Kammer vermutlich 1673 im Auftrag des damaligen Besitzers, Graf Friedrich Christian von Kielmannsegg. Sehenswert ist ferner der Festsaal mit den lebensgroßen Gemälden von Kaiser Karl VI. und seiner Gemahlin.

An der einstigen Nahtstelle zwischen nordgermanischen Jüten und niederdeutschen Sachsen inmitten Schwansens liegt das Gut Damp. Wie kaum ein anderer schleswig-holsteinischer Adelssitz zeigt sich Damp als geschlossene Einheit mit zwei noch intakten Hofgräben, einem mächtigen Torhaus, einem großen Park mit Lindenallee und einem Herrenhaus aus der Renaissancezeit mit einer einzigartigen barocken, zweigeschossigen und neun Meter hohen Eingangshalle. Melchior von der Wisch,

Normalerweise sieht man das Herrenhaus Bienebek nur vom an der Schlei entlangführenden Wanderweg. Die Rückseite des im Schweizer Stil erbauten Hauses gibt den Blick frei auf einen Park mit Stauteichen, durch die der Bach Bienebek fließt.

Gutsherr von 1566 bis 1598, legte den Grundstein des heutigen Gutes mit dem rechteckigen Bauhof, dem Torhaus, dem Grabensystem und dem Herrenhof mit dem Herrenhaus, das in den Jahren 1595 bis 1597 entstand und eine ideale Verbindung zwischen mittelalterlicher Bauweise mit gedrungenem Mittelbau und vier Türmen und zeitgemäßen Einflüssen verkörpert.
Nach den von der Wisch trugen sich die einflußreichen Adelsfamilien Rantzau und Ahlefeldt sowie seit 1887 die Grafen zu Reventlow als Besitzer von Gut Damp in das Grundbuch ein. Von dauerhafter Erinnerung wird Johann Rudolph von Ahlefeldt bleiben, der Damp 1728 nach dem Tod seines Vaters als 16jähriger übernehmen mußte und auf seinen Gütern nicht nur die Kartoffel einführte, sondern auch als sehr fürsorglich galt und 1742 das noch heute zu bestaunende St. Johannis-Armenstift unweit der Gutsanlage errichten ließ. Zudem war er ein begeisterter Gartenliebhaber, der auf Damp und Saxtorf, das seine Frau Margarethe Oelgard von Brockdorff mit in die Ehe gebracht hatte, prächtige Gärten anlegte. Die in Schleswig-Holstein einmalige Halle, die den gesamten Mittelbau des Herrenhauses einnimmt, ließ Bendix von Ahlefeldt um 1700 errichten. Einem Fest- und Musiksaal gleich, entfaltet sich in dem neun mal 15 Meter großen und neun Meter hohen Raum die ganze künstlerische Pracht des Barocks. Auf die umlaufende Galerie im Obergeschoß führt ein doppelläufiger Treppenaufgang. An der gegenüberliegenden Seite steht eine raumfüllende Orgel. Eine Rarität und ein künstlerisches Meisterwerk sind die Stuckfiguren an der Decke, die dem italienischen Stukkateur Joseph Mogia zugeschrieben werden, der zur Bauzeit in Gottorf tätig war. Vier lebensgroße, annähernd vollplastische und leichtbekleidete Musikantinnenpaare spielen fröhlich auf den Instrumenten ihrer Zeit. Die Sängerin trägt ein Notenblatt mit der Aufschrift „Non plus ultra" („Höher geht's nicht").

Die Bunte Kammer im Ludwigsburger Schloß ist ein einzigartiges Vermächtnis des 17. Jahrhunderts. Die Vertäfelung des Raumes zeigt eine allegorische Bilderfolge: 145 Bilder mit Sinnsprüchen in verschiedenen Sprachen, die einst zur geistvollen Unterhaltung der Gäste dienten, sind in fünf Reihen übereinander angeordnet.

Das mächtige Torhaus von Gut Ludwigsburg ist weithin bekannt. Das Gebäude, das um 1580 errichtet wurde, liegt direkt an der Landstraße, die von Eckernförde nach Waabs führt. Die kompakte Bauweise des Torhauses paßt stilistisch zum Herrenhaus.

Torhaus und Kuhhaus werden heute auf zeitgemäße Weise genutzt. Dort kann man Antiquitäten kaufen und sich im stilvollen Ambiente kulinarisch oder beim Jazzbrunch verwöhnen lassen.
Ein vollkommen anderer Baustil wurde auf Gut Saxtorf gepflegt. Das Gut dürfte aus dem Dorf Saxdorf hervorgegangen sein, das bereits vor 1490 bestanden haben muß. Nach der Gutsbildung um 1495 wurde Saxtorf im 16. Jahrhundert zu einem der größten Anwesen des Herzogtums. Neben dem Haupthof zählten das Gut Rögen, sieben Meierhöfe sowie die Dörfer Loose und Basdorf zu Saxtorf, das sich zeitweilig im Besitz der Rantzaus und über einen längeren Zeitraum wiederholt im Besitz der Ahlefeldts befand. Während in der Rantzauschen Zeit (1566 bis 1633) das erste Herrenhaus auf Saxtorf entstand, von dem zwei unterschiedliche Abbildungen existieren, wurde 1648 unter Cai von Ahlefeldt ein neues, sehr prächtiges und mit einer Kapelle bestücktes Herrenhaus gebaut, das am 2. Weihnachtstag des Jahres 1847 abbrannte. In der Kapelle soll sich ein berühmtes Gemälde befunden haben: „Anbetung der Könige" von Peter Paul Rubens. 1851/52 ließ Carl Friedrich Georg von Ahlefeldt das Haus bauen, das auch heute noch steht. Der Architekt Friedrich Stammann konnte dabei auf die noch erhaltenen Fundamente und Außenmauern zurückgreifen und setzte darauf ein einzigartiges Herrenhaus im neugotischen Stil. Aufgrund mehrerer tragischer Todesfälle endete die Ära der Ahlefeldts auf Saxtorf im Jahr 1885. 1919 erwarb Peter Hoff aus Olufskjer bei Hadersleben das Gut, das heute von seinem Nachkommen Bernd Hoff-Hoffmeyer-Zlotnik bewirtschaftet wird.
Die Herrenhäuser, die in Schwansen in besonderer Dichte zu bestaunen sind, dienen noch zu einem Großteil als Wohnsitze. Daran sollten alle interessierten Besucher stets denken, wenn sie sich fasziniert den imposanten Bauwerken nähern. Die Besitzer sehen ihre Verpflichtung im Erhalt der einmaligen Bauten und der Gutsanlagen. Der finanzielle Aufwand ist allerdings beträchtlich, und es mehren sich die Umzüge von Besitzern in behaglichere und dem modernen Wohnkomfort eher entsprechende Wohnhäuser.
Das Beispiel Büstorf bei Rieseby sollte allen eine Warnung sein. Für das 1775 von Adam Christopher Graf von Ahlefeldt errichtete, glanzvolle Herrenhaus hatten die neuen Besitzer nach den Veränderungen in der Gutswirtschaft keine Verwendung mehr und rissen es 1983 ab. Ironie des Schicksals: Damit mußte sich auch eine im Herrenhaus wohnende Familie eine neue Bleibe suchen – zum zweitenmal, denn auch das vorher von ihnen mitbewohnte Herrenhaus Kasmark war bereits der Abrißbirne zum Opfer gefallen.

Der verwilderte Park und das im Tudorstil erbaute Herrenhaus von Gut Saxtorf üben eine eigentümliche Faszination auf den Besucher aus. Vom Herrenhaus sollen unterirdische Gänge in den Park geführt haben.

Diese Sicht auf das Herrenhaus Damp von der Parkseite aus bietet sich normalerweise dem Blick des Besuchers nicht dar, weil die weitläufige Parkanlage nur der Familie und Freunden des Besitzers zugänglich ist. Das von zwei noch intakten Hofgräben umgebene Gut Damp zählt aufgrund seiner geschlossenen Anlage und des Herrenhauses mit beeindruckender Inneneinrichtung zu den schönsten Gütern Schwansens.

Die große Halle ist die künstlerisch herausragendste Arbeit im Herrenhaus Damp. Um 1700 ließ Bendix von Ahlefeldt dieses Kunstwerk erbauen, das ganz im Zeichen der Musik steht. Der italienische Stukkateur Joseph Mogia schuf die beeindruckende Stuckdecke, die mit eindrucksvollen, nahezu vollplastischen Musikantenpaaren verziert ist.

Das Schloß Ludwigsburg ist von einem schützenden Wassergraben umgeben, der das Herrenhaus und den Hof von der Waabser Chaussee trennt. Aus der dunklen Tiefe des Grabens heraus wirkt das 1740 fertiggestellte, dreistöckige Herrenhaus, das auf den Grundmauern zweier Vorgängerbauten ruht, wie eine erhabene Lichtgestalt.

Nach dem Vorbild eines alten englischen Landsitzes ließ der damalige Besitzer, Prinz Heinrich von Preußen, Anfang des 20. Jahrhunderts das Herrenhaus von Gut Hemmelmark bei Eckernförde bauen. Der Bruder des letzten deutschen Kaisers pendelte häufig zwischen seinem Wohnsitz in Kiel und Hemmelmark und legte diese Strecke am Steuer einer seiner Benz-Limousinen zurück. Die Straße in Eckernförde, die zum Gut führt, heißt noch heute Prinzenstraße.

PRIVAT
KEIN
ZUTRITT

Schwansen ist geprägt durch die Vielfalt der Landschaft und den hohen Erholungs- und Freizeitwert. Die Dörfer, zumindest die in Stadtrandlage wie Barkelsby, Kosel, Gammelby und Loose sowie das an den Bahnverkehr angebundene Rieseby, wachsen beständig. Dennoch hält sich alles im Rahmen, auch wenn hier und da Kritik laut wird an zuviel kompakter Bausubstanz.

Auf den Dörfern ist ein Strukturwandel unverkennbar. Bis weit in die siebziger Jahre hinein gab es in jedem Dorf neben den Bauernhöfen zumindest einen Bäcker, einen Schlachter, einen Kaufmann, eine Gaststätte, eine Schule sowie Handwerksbetriebe. Diese Zeiten sind in den meisten Gemeinden vorbei. In Loose z. B., einem Dorf mit 800 Einwohnern, schlossen in den vergangenen dreißig Jahren zwei Kaufmannsläden, die Schlachterei, eine Gaststätte, die Polizeistation, die Arztpraxis, die Meierei, der Elektriker, die Schmiede, die Stellmacherei, der Frisör und die Hauptschule – eine beträchtliche Streichliste. Einige Betriebe und Läden gibt es noch, der eine oder andere Betrieb ist gewachsen, neue sind hinzugekommen. Nicht nur viele Dorfbewohner, auch Institutionen wie die Akademie für die Ländlichen Räume Schleswig-Holsteins in Eckernförde oder die Heimatgemeinschaft Eckernförde haben sich vorgenommen, die dörfliche Struktur und Identität wieder zu stärken. Die Bürger der Gemeinde Kosel sind beispielsweise auf die Idee gekommen, ihren Dorfgasthof zu kaufen und zu verpachten. Der kleine Ort, der seit vielen Jahren eine Partnerschaft mit dem französischen La Mézière pflegt, ist aufgrund der Nähe zu Eckernförde ein beliebter Wohnort für die Städter. Das gilt in besonderem Maße auch für Barkelsby. Nur einen Steinwurf von Eckernfördes nördlicher Stadtgrenze entfernt, boomt die Randgemeinde. Im Vergleich zur Stadt günstiges Bauland hat viele Bauwillige nach Barkelsby gelockt. Die Neubaugebiete fügen sich harmonisch in die dörfliche Struktur ein. 1700 Menschen haben in Barkelsby ihre Heimat gefunden.

Mit weit über 2000 Einwohnern und knapp 4000 Hektar Fläche ist Rieseby die größte Gemeinde Schwansens. Die Bahnlinie Kiel–Flensburg hat sich positiv auf die Ansiedlungsbereitschaft junger Familien ausgewirkt. Zudem verfügt Rieseby als ländliche Zentralgemeinde über eine große Vielfalt öffentlicher Einrichtungen und über einen regen Einzelhandel. Das Riesebyer Umland ist außergewöhnlich reich bestückt mit Sehenswürdigkeiten: Die Güter Saxtorf und Krieseby, der Obsthof Stubbe an der Schlei, Bohnert mit der Königsburg, das Gut Ornum und das Ornumer Noor, Sönderby und Eschelsmark verbinden landschaftliche Schönheit mit kulturhistorisch bedeutsamen Bauwerken.

Eine Sonderstellung unter den Dörfern Schwansens nimmt Sieseby ein. Zusammen mit dem Restaurant und dem ältesten Gebäude des Ortes, der Kirche aus dem 12. Jahrhundert mit einer beeindruckenden Lindenallee, bilden die reetgedeckten Fachwerkhäuser am Ufer der Schlei ein einmaliges Ensemble, das unter Denkmalschutz steht. Gourmets wissen um die Kochkünste im Ausnahmerestaurant „Schlie-Krog“, der wie so vieles in der Gegend dem Prinzen Christoph zu Schleswig-Holstein-Sonderburg-Glücksburg im nahen Grünholz gehört. Ebenso delikat und außergewöhnlich wie das Mahl im reetgedeckten „Schlie-Krog“ fällt auch der anschließende Spaziergang aus, sofern man den Weg am Schleiufer entlang Richtung Bienebek einschlägt – so mancher Wanderer ist geneigt, fünf (Landschafts-) Sterne zu vergeben. Auf der gegenüberliegenden Seite Schwansens,

Unter vollen Segeln vorbei an Gut Stubbe an der Schlei. Der einstige Bischofssitz Stubbe beherbergt heute eine große Obstplantage und Reitpferde.

Die Kochkunst Peter Möllers vom Siesebyer „Schlie-Krog“ ist weithin berühmt. Seine Gäste kommen teilweise eigens aus Hamburg angereist, um die köstlichen Kreationen des gebürtigen Schleswigers zu genießen. Auch beim Probesitzen für den Fotografen vor dem Haus, wenige Meter von der Schlei entfernt, geben das Ehepaar Möller und ihre Köche eine gute Figur ab.

an der Ostseeküste, liegt die Gemeinde Waabs mit den Ortskernen Großwaabs und Kleinwaabs, wobei die „Vornamen“ keineswegs Aufschluß über die Größe geben, denn Kleinwaabs, das Kirchdorf, ist um einiges größer als Großwaabs. In Waabs befindet sich nicht nur das Trinkwasserreservoir für weite Teile Schwansens, sondern auch das Campingzentrum, das sich von Ludwigsburg bis Booknis erstreckt.

Zu den bedeutenden und weithin sichtbaren Bauwerken Schwansens zählen die fünf Kirchen, die zwischen 1150 und 1400 erbaut wurden. Der wuchtige, auf unbehauenen Feldsteinen ruhende Rundturm der St. Laurentius-Kirche in Kosel prägt den Charakter des Sakralbaus aus der zweiten Hälfte des 12. Jahrhunderts. Die Kirche erinnert daran, daß sich die Menschen früher nicht nur zum Gottesdienst darin zu versammeln pflegten, sondern hinter den meterdicken Mauern auch Schutz suchten.

Die Siesebyer Kirche, erbaut um 1200, steht an ihrem heutigen Platz, weil Mönche vom Bischofssitz Stubbe auf einem schneebedeckten Feld eine unbedeckte Fläche in Form eines großen Kreuzes erkannten und dies als göttliches Zeichen für den Bau einer Kirche deuteten – das berichtet eine Legende. An der Siesebyer Kirche wird deutlich, daß nicht nur die Herrenhäuser im Laufe der Zeit baulich verändert wurden, sondern auch die Gotteshäuser. Die drei Giebeldächer belegen Einflüsse der Romanik, Gotik, des Barocks und späterer Epochen.

Aufgrund ihrer großen Bedeutung sind einige Kunstwerke wie der Taufstein,

Ein musizierender Engel schwebt in der Koseler Kirche über den Köpfen der Kirchenbesucher. Die Orgelempore schuf der Bünstorfer Meister Jürgen Benne 1624.

drei Sandsteinsarkophage aus der Gruftkapelle oder die erste Marcussen-orgel aus dem Jahr 1820 Museumsstücke geworden. Noch vorhanden ist die 1592 von Hans Gudewerdt dem Älteren geschnitzte Kanzel.

Die St. Petri-Kirche zu Rieseby liegt mitten im Ort und markiert die zentrale Stellung der Kirche im dörflichen Leben. Kirche und Friedhof befinden sich in ungetrübter Nachbarschaft mit der Geschäftswelt, der Gastronomie und den großzügigen Sportanlagen. Erbaut zwischen 1220 und 1230, birgt der spätromanische Backsteinbau mit seiner einzigartig verzierten halbrunden Apsis einige herausragende Kunstschätze wie den Taufstein aus Granit, der älter ist als die Kirche, und die Triumphkreuzgruppe im Chorbogen aus der Zeit zwischen 1280 und 1300. Die Verkleidung vor dem Altar mit ihrem reichen Schnitzwerk aus Eichenholz enthält die ältesten noch erhaltenen Tafelmalereien Norddeutschlands aus dem frühen 14. Jahrhundert.

Die im frühgotischen Stil erbaute Kirche zu Karby mit Schiff und Kastenchor entstand Ende des 13. Jahrhunderts als roter Backsteinbau. Die kreuzgewölbte Sakristei wurde erst um 1500 angebaut, und die dem Kirchenschiff angegliederte Gruft stammt aus dem Barock. Dreimal soll die Karbyer Kirche in Flammen aufgegangen sein. Ihre heutige Gestalt erhielt sie erst 1977/78. Im Innern sind Reste der spätgotischen Ausmalung, einer romanischen Granittaufe und einer prächtigen, von Hans Gudewerdt dem Älteren geschnitzten Renaissance-Kanzel aus dem Jahr 1592 erhalten geblieben.

Die Marienkirche zu Waabs ist die jüngste der fünf Schwansener Kirchen, sie wurde um 1400 erbaut. Ein Vorgängerbau soll weiter in Richtung Ostsee gestanden haben und Ende des 14. Jahrhunderts von dänischen Truppen in Brand gesteckt worden sein. Ein Verein versucht die Freilegung der Malereien im Altarraum zu finanzieren. Alle zwei Jahre soll ein weiteres Motiv zum Vorschein kommen und die Szene der Vertreibung aus dem Paradies ergänzen. Einen ungewöhnlichen Weg nahm das wohl älteste Ausstattungsstück, die obere Steinschale des Taufbeckens aus dem 13. Jahrhundert. Sie zierte lange Zeit den Park von Ludwigsburg als Blumenschale.

Einen großen Beitrag zur Erhaltung bedeutender Zeugnisse der Schwansener Kulturgeschichte haben der Förderverein zur Wiederherstellung und Erhaltung der Mühle „Anna" und der Verein für Museums- und Chronikarbeit in Rieseby zusammen mit der Gemeinde geleistet. In eineinhalb Jahren wurde die Windmühle „Anna" im Ortsteil Norby wieder prächtig instand gesetzt. Sie beherbergt jetzt eine ausgezeichnete Sammlung örtlicher Fundstücke aus der Stein-, Eisen- und Bronzezeit, alte Werkzeuge und Apparaturen sowie beeindruckende Modelle des abgerissenen Herrenhauses Büstorf, der Petrikirche und des Stubber Eiskellers. Ganz oben im dritten und vierten Stock, dort wo die Leitern schmal und steil sind und das Licht schummrig wird, sind alte Mahlutensilien, Gewichte und ein steinzeitlicher Mahlstein zu sehen. Der Museumsverein weist ferner auf die dörfliche Entwicklung Riesebys hin, zum Beispiel darauf, daß es 1925 noch zehn Schuhmachereien und in den dreißiger Jahren zehn Schmieden in Rieseby gab. Das Interesse der Bevölkerung an der Mühle, dem Museum und den Traditionen ist riesengroß, wie der Ansturm am Deutschen Mühlentag (Pfingstmontag) jedes Jahr nachhaltig

Die Siesebyer Kirche besticht durch ihre helle, einfache und zugleich schöne Ausstattung. Sie verleiht dem an der Schlei gelegenen Gotteshaus eine wohltuende Ruhe. Eine Besonderheit ist die im Altarraum untergebrachte Orgel – einzigartig im gesamten Kirchenkreis Eckernförde.

unter Beweis stellt. Die Mühle „Anna" stammt aus dem Jahr 1911, enthält jedoch auch Teile eines Vorgängerbaus von 1786.
Ein authentisches Stück Gutsgeschichte hat Tessen von Gerlach-Parsow in seinem Gutsmuseum auf Hohenstein festgehalten. Die eigenhändig zusammengestellte Sammlung in dem einstigen Schweinestall und dem Kutscherstall birgt eine großartige Vielfalt alter Gerätschaften und Gebrauchsgegenstände. Die rund 1000 Exponate befanden sich früher auf dem Gut im Einsatz.
Einen Besuch wert ist auch das Naturkundliche Info-Zentrum in Dörphof. Im Vogelmuseum am Naturschutzgebiet Schwansener See werden über 600 präparierte Vögel und Tiere der Region und aus der Arktis in ihren nachgebildeten Lebensräumen gezeigt. Anschließend kann das Naturschutzgebiet erkundet werden, mit geschärftem Blick durchs Fernglas lassen sich die 126 Brutvogelarten bestimmen.

Oben: Die spätromanische St. Petri-Kirche in Rieseby ist die größte der fünf Schwansener Kirchen und wurde zwischen 1220 und 1230 erbaut. Das mitten im Ort gelegene Gotteshaus ist von einem großen Friedhof umgeben.

Nicht weit von Dörphof entfernt liegt an der Hafenmole in Damp das frühere Flüchtlingsschiff „Albatros". Im Schiffsinnern ist eine Gedenkstätte eingerichtet, die an die Versenkung des Flüchtlingsschiffs „Wilhelm Gustloff" durch einen sowjetischen Torpedo am 31. Januar 1945 erinnert. Über 5000 Menschen starben damals in den eisigen Fluten der Ostsee zwischen Pillau und Swinemünde.
In Schwansen wurde im Laufe der Jahrhunderte nicht nur bauhistorisch Bedeutsames geschaffen, auch die schönen Künste entwickelten sich in der Abgeschiedenheit zwischen Eckernförder Bucht und Schlei. Vielfach wurden die Herrenhäuser zu Orten, an denen die Privilegierten sich der Muse hingaben. Als Ehefrau Johann Rudolph von Ahlefeldts kam die damals sehr bekannte Schriftstellerin Charlotte von Seebach nach Saxtorf. Von Ahlefeldt hatte seine Frau in Weimar im Hause von Charlotte von Stein, der Freundin Goethes, auf Empfehlung des berühmten Philosophen Johann Gottfried Herder kennengelernt. Selbst Goethe förderte ihr Talent. Schon mit 16 Jahren hatte von Seebach anonym und ohne Wissen ihrer Eltern ihren ersten Roman „Liebe und Trennung" veröffentlicht. Nach der Heirat mit Johann Rudolph von Ahlefeldt lebte sie auf Gut Saxtorf und schrieb dort eine Reihe von Erzählungen. Die Ehe war jedoch nicht glücklich, 1807 trennte sich die Schriftstellerin von ihrem Mann und zog nach Schleswig, kehrte aber 1810 für kurze Zeit nach Saxtorf zurück. 1821 zog sie nach Weimar und blieb dort bis zu ihrem Tod 1849. Ihre Romane, Novellen und Erzählungen machten Charlotte von Seebach zu einer der bekanntesten volkstümlichen Schriftstellerinnen der Goethezeit.
Literarisch anspruchsvolle Texte verfaßte auch die am 26. Mai 1875 auf dem Gut Marienhof bei Sieseby geborene Helene Voigt-Diederichs, die in der 1925 erschienenen Erzählung „Auf Marienhoff – Das Leben einer deutschen Mutter" ihrem Schwansener Zuhause

Oben: Kunstvoll geschnitzte und ausgemalte Putten zieren die Kanzel in der Borbyer Kirche, die ebenso wie der Altar um 1690 entstand und von einem Meister aus der berühmten Gudewerdtschen Schule stammen dürfte.

Links unten: Die Karbyer Kirche, die ursprünglich Schwansener Kirche hieß, gab dem Ort den Namen: Karby bedeutet Kirchdorf. Der Sakralbau mit dem mächtigen Westturm wurde um 1278 errichtet.

Einen Einblick in die Entstehung Schwansens und die geschichtliche Entwicklung Riesebys, die mit vielen zeitgeschichtlichen Dokumenten und Gegenständen anschaulich dargestellt wird, gibt der Riesebyer Museumsverein in der Mühle „Anna" in Norby, einem Ortsteil von Rieseby. Die Mühle wurde in jahrelanger Arbeit vom Museumsverein restauriert.

ein Denkmal setzte. Sie beschreibt darin die jahreszeitlichen und christlichen Feste und die mütterliche Krankenheilung mit Hilfe von allerlei Suggestion und Hausmitteln ebenso wie andere Aspekte des alltäglichen Lebens auf dem Hof. Die 1961 gestorbene Helene Voigt-Diederichs besticht durch ihre genauen Beobachtungen und die klare, realitätsbezogene Sprache.

Weit über die Grenzen des Landes hinaus genießt der Schriftsteller Wilhelm Lehmann einen exzellenten Ruf. Im Oktober 1923 kam der Lehrer und bereits als Kleistpreisträger ausgezeichnete Literat im Alter von 41 Jahren durch die Übernahme einer Studienratsstelle nach Eckernförde. Er bezog seine Kraft aus der Natur und der schönen Landschaft, wie er in seiner 1956 erschienenen Essaysammlung „Dichtung als Dasein" bekannte:

„Mir scheint, hier gehen die Menschen mehr als sonst in der Landschaft auf. Der große, mit Wolken spielende Himmel überwölbt Dörfer und Städte und strömt den Bewohnern Freiheit hin, zumal das Meer sich nie weit entfernt. Kühler Blick und schwerfällige Zurückhaltung charakterisiert die Menschen. Begegnet wohl unter ihnen viel Plattheit und Kunstfremdheit, so sind sie unverbraucht, realistisch, lassen sich gern erzählen und können drastisch erwidern. Zwischen den grünen Knicks träumt es sich liliencronisch."

Lehmanns Naturlyrik hat viele seiner Kollegen begeistert. Hermann Hesse war einer seiner Bewunderer, Elisabeth Langgässer, Karl Krolow und Peter Huchel ließen sich von seiner Dichtung inspirieren. Lehmanns Werke führen über die Betrachtung der Landschaft und der Vorgänge in ihr zu übergeordneten Sichtweisen der Welt. Er starb 1968 im Alter von 86 Jahren in Eckernförde.

In Winnemark an der Schlei ließ sich der Maler Gerhart Bettermann nieder. Der 1910 geborene Bettermann starb 1992 nach einem schaffensreichen Leben, das er seit 1935 an der Schlei verbracht hatte. Die Landschaft diente ihm als Motiv für zahlreiche Holz- oder Linolschnitte, Federzeichnungen und Ölgemälde. „Ich liebe die Schlei, gewiß, aber ich bin kein Schlei-Maler. Ich bin dieser Landschaft sehr verbunden und habe sie oft porträtiert, aber ich bin kein Landschaftsmaler. Nicht nur. Ich bin ein politisch-sozial Engagierter ..." So ordnete er sich selbst als ein von seinem Umfeld faszinierter, aber zugleich distanzierter Künstler ein. Bettermanns Erbin Marie-Luise Schmidt-Holländer hat sein Wohnhaus und Atelier in Winnemark für Ausstellungen und Seminare geöffnet. Schwansen hat seinen Reiz für Literaten behalten. Der zeitweilig in Sieseby ansässige und 1997 verstorbene Jurek Becker wurde auf dem dörflichen Friedhof an der Schlei zu Grabe getragen. Becker, der durch seine Romane „Jakob der Lügner" (1970) und „Der Boxer" (1976) bekannt geworden ist, wurde im polnischen Lodz geboren und verbrachte seine Kindheit im Ghetto und in den Konzentrationslagern Ravensbrück und Sachsenhausen. 1945 zog er nach Ost-Berlin, wurde 1957 Mitglied der SED und 1976 wegen seines Protests gegen die Ausbürgerung Wolf Biermanns aus der Staatspartei ausgeschlossen. Ende der siebziger Jahre verließ er die DDR und siedelte nach West-Berlin über. In Sieseby fand Becker den ruhenden Gegenpol zum pulsierenden Leben in der Großstadt.

Inspirierend und weltoffen auf der einen, traditionell und heimatlich fest verwurzelt auf der anderen Seite – Schwansen bezieht seinen Reiz für Besucher und Bewohner gleichermaßen aus diesem ambivalenten Verhältnis. Dem Brauchtum und der Heimatverbundenheit zuzuordnen sind die Dorf-, Sport- und Reiterfeste im Sommer – Schmelztiegel und Gelegenheiten der Begegnung für die dörflichen Gemeinschaften und die vielen Urlauber. Die üblichen Dimensionen ländlichen Vergnügens sprengend, zieht das jedes Jahr im September am Strand des Ostseebades Damp stattfindende Drachenfest Zehntausende von Besuchern in seinen Bann. Der Himmel über Damp gehört an diesem Septemberwochenende den bunten, phantasievollen Nylonfliegern von ganz klein bis riesengroß.

Das Naturerlebnis steht bei fast allen Freizeitbeschäftigungen in Schwansen an oberster Stelle. Die leicht wellige Landschaft ist ideal für Ausflüge mit dem Fahrrad, obwohl nicht an allen Land- und Kreisstraßen Radwege ausgewiesen sind. Besonders reizvoll sind die vielen unbefestigten Wege an Feldern und Knicks vorbei, die mitten hineinführen ins Herz der Halbinsel. Gute Radwanderführer und Tourenkarten führen die Radler an die schönsten Stellen, die ausgearbeiteten Routen sind mit einem gelben Aufkleber und dem Aufdruck „Radwanderweg Eckernförde-Ostsee" gekennzeichnet. Auf Tagestouren kommen die Ausflügler Schwansen ganz nah – ob im Mai zur Rapsblüte, im Juli zur Getreideernte oder im Farbenspiel des goldenen Oktober. Wer Glück hat, kann hoch am Himmel die Könige der Lüfte, die wieder heimisch gewordenen Seeadler, beobachten. Natürlich kann man die Strecken auch erwandern oder auf dem Pferderücken ertraben. Es gibt konkrete Pläne für die Ausweisung eines weitverzweigten Rad- und Reitwegenetzes in Schwansen, das dem naturnahen Tourismus weiter Vorschub leisten würde. Reitpferde findet man in Ludwigsburg und Damp-Dorotheenthal und auf so manchem anderen Hof.

Natürlich stehen in Schwansen auch die küstenspezifischen Freizeit- und Sportmöglichkeiten auf dem Programm. Schwimmen, Angeln, Tauchen, Surfen

und Segeln sind in der Eckernförder Bucht und auf der Schlei nahezu überall möglich. Ein großes Freizeitangebot bietet den Urlaubern das Ostseebad Damp. Damp hat der Region mit rund 1500 neuen Arbeitsplätzen und dem enormen Urlauberstrom kräftige wirtschaftliche Impulse gegeben, es hat den Tourismus im großen Stil nach Schwansen gebracht und im medizinischen Bereich mit der Ostseeklinik und der Reha-Klinik Zeichen gesetzt. Der Grundsatzbeschluß der Gemeindevertretung Damp vom 5. Dezember 1968, das Ostseebad Damp auf einer Gesamtfläche von 65 Hektar in Nieby an der Ostsee planen zu lassen, war der wichtigste Beschluß in der Geschichte des Ortes. Für eine Bausumme im dreistelligen Millionenbereich entstand von November 1969 bis Mai 1973 das Ferienzentrum Damp 2000 (später umbenannt in Ostseebad Damp) mit Kliniken, Hotels, Ferienhäusern, Gastronomie, Yachthafen, Meerwasserwellenbad mit Kurmittelhaus, Sport- und Kuranlagen. 1989 kam noch die subtropische Badeanlage Aqua Tropicana hinzu. Touristisch boomt Damp weiterhin und erzielt jährliche Übernachtungszahlen von weit über einer halben Million. Auch die Ostseeklinik, die als sportmedizinische Fachklinik ihren hervorragenden Ruf begründete, ist gut belegt. Das urtümliche Schwansen und das Ostseebad Damp vertragen sich. Man weiß, wo Damp liegt. Entweder man fährt hin, unternimmt etwas Schönes, oder man läßt es eben und genießt die stillen Seiten. Schwansen hat glücklicherweise beides zu bieten.

Lenkdrachen aus Nylon und Carbon haben die traditionellen, selbstgebauten Papierdrachen mit Holzrahmen längst vom Himmel verdrängt. In Damp findet alljährlich im September ein großes Drachenfest statt, und auch am Eckernförder Strand können die Drachenflieger außerhalb der Saison ihrem Hobby nachgehen.

Ein gut ausgebautes Straßen- und Wegenetz verbindet die Dörfer. Hauptverkehrsader Schwansens ist die Ende der sechziger Jahre fertiggestellte B 203, die „Schwansenstraße“, die von Eckernförde nach Kappeln die gesamte Halbinsel durchquert und die schnellste und kürzeste Durchfahrt ermöglicht. Wer nicht nur einfach durchfahren, sondern Schwansen wirklich erfahren möchte, der sucht sich lieber andere Wege – der Weg ist das Ziel. Sehr zu empfehlen ist die Landesstraße 26 von Eckernförde über Hemmelmark, Hohenstein, Ludwigsburg, Waabs, Vogelsang-Grünholz, Thumby, Winnemark und Kopperby nach Kappeln, die in allen einschlägigen Straßenkarten als landschaftlich besonders reizvoll gekennzeichnet wird. Wie sehr die wirtschaftliche Entwicklung mit den Verkehrswegen korrespondierte, beweist das Beispiel Rieseby. 1881 wurde die Bahnlinie Kiel–Flensburg eröffnet, und das bis dahin unbedeutende Dorf Rieseby erhielt als Station einen Bahnhof. In 80 Jahren erhöhte sich die Einwohnerzahl um das Vierzigfache, alle Güter- und Viehtransporte liefen fortan über Rieseby, das einen enormen

Aufschwung nahm. Heute ist Rieseby nur noch der Regionalexpreß geblieben. Ähnlich verhielt es sich mit der 1889 in Betrieb genommenen Kleinbahn, später Kreisbahn, die bis 1958 auf der Trasse der heutigen Schwansenstraße verkehrte und die Bahnhofsdörfer Barkelsby, Loose, Holzdorf, Vogelsang-Grünholz, Dörphof und Karby zu kleinen Schwansener Metropolen machte. Wer von Schwansen in die Landschaft Angeln möchte, hat die Wahl zwischen vier Möglichkeiten, die Schlei zu überqueren: über die kombinierte Klappbrücke für Züge, Autos, Radfahrer und Fußgänger in Lindaunis (1926) und die Drehbrücke in Kappeln (1927) sowie mit den Fähren in Missunde (nach Brodersby) und Sundsacker (nach Arnis, der kleinsten deutschen Stadt mit knapp 400 Einwohnern). Jeder Weg ist ein besonderes Erlebnis und sollte unbedingt einmal beschritten werden.

Ein beeindruckendes technisches Schauspiel ist die Brückenöffnung in Lindaunis. In den Sommermonaten wird die von der Eisenbahn, dem Autoverkehr sowie Radfahrern und Fußgängern benutzte Klappbrücke über die Schlei einmal pro Stunde von Viertel vor bis zur vollen Stunde geöffnet, um den wartenden Segelschiffen die Durchfahrt zu ermöglichen.

Am Fuße der knorrigen alten Linde auf dem Siesebyer Friedhof wächst frisches Grün. Wachsen, Verweilen und Vergehen – die Natur liefert das Bild für den Rhythmus allen Lebens. Vom Friedhof aus geht der Blick auf die Schlei, deren Ufer schöne, reetgedeckte Fachwerkkaten säumen.

Der Siesebyer Friedhof ist für seine wunderschöne Lindenallee berühmt. Die hochgewachsenen Bäume entfalten ihr Blätterdach über dem Besucher, der bei einem Spaziergang nicht nur über Leben und Tod nachdenken kann, sondern auch Entspannung findet. Die besondere Atmosphäre und Lage haben den Siesebyer Friedhof auch zur letzten Ruhestätte bekannter Persönlichkeiten gemacht.

INRI

Bedeutendes und bestimmendes Kunstwerk in der Riesebyer St. Petri-Kirche ist die Ende des 13. Jahrhunderts entstandene Triumphkreuzgruppe, die seit 1913 wieder auf dem Triumphkreuzbalken vor dem Chorbogen angebracht ist. Die mit Rosetten und blattartigen Ornamenten verzierte Darstellung zeigt den gekreuzigten Jesus; am Fuß ist ein Relief mit dem Auferstehungsthema angebracht. Links und rechts des Leichnams trauern Maria und Johannes.

Die jüngste der fünf Schwansener Kirchen ist die um 1400 erbaute Marienkirche zu Waabs. Einer Sage zufolge sollte sie eigentlich auf dem Aschenberg, einer heidnischen Kultstätte, errichtet werden. Des Nachts sollen dann Geister die Bausteine an den heutigen Standort getragen haben. Im Innern der Marienkirche sind unter anderem einige Beispiele hervorragender Schnitzkunst zu bewundern. Ein großes Projekt ist die stückweise Freilegung der Wandmalereien im Altarraum.

STÖRTEBEKER

Festgemacht an einem kleinen Steg unweit der Fährverbindung zwischen Sundsacker in Schwansen und Arnis in Angeln dümpelt das kleine Holzboot im seichten Wasser der Schlei. Während Sundsacker hauptsächlich durch das St. Nicolai-Heim für Kinder und Jugendliche bekannt ist, erlangte Arnis durch seinen Status als kleinste Stadt Deutschlands Berühmtheit. In der Perle an der Schlei, wie der Ort gerne genannt wird, leben rund 400 Menschen.

Eng verbunden mit der Landschaft Schwansen ist Eckernförde am Ende der Eckernförder Bucht. Das Ostseebad ist das Einkaufs- und Dienstleistungszentrum für die Bewohner der umliegenden Landschaften Schwansen, Hütten und Dänischer Wohld, hat jedoch noch weitaus mehr zu bieten. In kaum einer anderen Stadt an der Ostsee liegen Strand, Hafen und Innenstadt so dicht beisammen. Die Stadt hat ihren Charme bewahrt, pflegt Traditionen, ohne den Blick für die Zukunft zu verlieren.

Eckernfördes Anfänge reichen bis ins 12. Jahrhundert zurück. Erstmals taucht der Name Eckernförde 1197 im Zusammenhang mit „Godescalcus de ekerenvorde“, Ritter Gottschalk von Eckernförde, in einer Urkunde des holsteinischen Grafen Adolf III. auf. Eckernförde war zur der Zeit noch ein Dorf. Wann der Ort das Stadtrecht erhielt, ist unbekannt. Mit dem Jahr 1302 sieht man sich allerdings auf der ganz sicheren Seite, weil ein Brief des Bürgermeisters an den Lübecker Rat als erstes amtliches Schreiben den Absender „Stadt Eckernförde“ trägt. Und so wird Eckernförde 2002 sein 700jähriges Stadtjubiläum feiern, obwohl vieles dafür spricht, daß die Stadt einige Jahre älter ist. Doch sicher ist sicher. Weitaus wahrscheinlicher, aber aufgrund der spärlichen Quellenlage eben nicht beweisbar, ist die Stadtgründung zwischen 1250 und 1288. Diese Annahme stützt sich auf eine Reihe historischer Erkenntnisse. Zum einen wurden ab Mitte des 13. Jahrhunderts viele Städte unter den Landesherren und Herzögen Abel und Waldemar IV. als planmäßige Gründungsstädte

Dieser Speicher in der Eckernförder Altstadt hat die Zeit überdauert. Noch heute werden dort Waren gelagert, die für den späteren Verkauf bestimmt sind.

angelegt. Zweitens legt die Verbindung Eckernförder Kaufleute und Seefahrer mit dem Bau der St. Nicolai-Kirche, dem ältesten Bauwerk des mittelalterlichen Eckernförde um die Mitte des 13. Jahrhunderts, das Vorhandensein einer Stadt sehr nahe, und drittens weist ein Dokument aus dem Jahr 1288, in dem eine Vogtei Eckernförde erwähnt ist, auf eine bereits erfolgte Stadtgründung hin. Der Name Eckernförde bedeutet Eichhörnchenfurt. Eichhörnchen gab es in den dichten Wäldern sehr viele. Sie sollen dabei sogar von Eckernförde von Wipfel zu Wipfel springend bis nach Kiel gelangt sein, ohne auch nur einmal den Boden berührt zu haben – sagt man. Und eine Furt durch die damals noch mit dem Noor verbundene Ostsee führte die handeltreibenden Menschen Richtung Schwansen, vorbei an der Ykern- oder Eckernburg (Eichhörnchenburg), die, 1231 erstmals erwähnt, vermutlich auf dem heutigen Gelände des stillgelegten Gaswerks am Burgwall stand. Eine weitere Burg unweit der Borbyer Kirche am heutigen Petersberg datieren Historiker aufgrund des vorhandenen Ringwalls und der Bauweise auf das 9. bis 11. Jahrhundert. Die alte Borbyer Ringwallanlage scheidet somit als Standort der Eckernburg aus. Die Burgen sind verschwunden, im Stadtwappen jedoch haben die Eckernförder die Zinnen ebenso verewigt wie das liebgewonnene Eichhörnchen.

Der mittelalterliche Stadtkern lag in einem eng umgrenzten Gebiet zwischen Gartenstraße, Sauersgang, Kattsund und Rosengang. Erst die als Abbruchmaterial der Altenhofer Steilküste angespülten Sandmassen ermöglichten die östliche Ausweitung des Stadtkerns um die Fischerstraße und die Gudewerdtstraße. Der Jungfernstieg als östlichste Innenstadtstraße wurde erst im 18. Jahrhundert befestigt. Neben dem

Marktplatz und der St. Nicolai-Kirche kam dem Hafen eine zentrale Bedeutung zu. Nahezu sämtliche Straßen führten in direkter Linie zum damals wichtigsten Umschlagplatz für Waren und Güter.

Auf und ab ging es im Laufe der Stadtgeschichte mit den Geschäften der Kaufleute, Fischer und Handwerker. Gut verstanden haben sich die Eckernförder auf den Transit- und Seehandel, den Fischfang, die Fischräucherei und – man höre und staune – auf die Bierbrauerei. Das Kakabellenbier war im 16. Jahrhundert das erste Eckernförder

Exportgut. Im 18. Jahrhundert spielte der Seehandel die entscheidende Rolle für den wirtschaftlichen Aufschwung der Hafenstadt. Die Handelsschiffe belieferten den gesamten Ostseeraum bis ins Baltikum und über die Südwestroute Kunden in Lissabon und am Mittelmeer. Überaus erfolgreiche Reeder, Kaufleute und Industrielle waren die Gebrüder Johann Nicolaus und Friedrich Wilhelm Otte. Letzterer lenkte von 1741 bis 1756 als Bürgermeister die Geschicke der Stadt. Die Ottes bauten nicht nur eine stattliche Seehandelsflotte von über 30 Schiffen auf, die im 18. Jahrhundert von Eckernförde aus bis nach Westindien segelten, sie investierten auch in den Bau einer führenden Fayencemanufaktur in Krieseby (1759), die später nach Eckernförde verlegt wurde, und einer Wollmanufaktur auf dem ebenfalls erworbenen Gut Bienebek. Noch heute künden der ausgebaute Speicher aus dem Jahr 1723 in der Langebrückstraße und die architektonisch eindrucksvollen „Zwillingshäuser“ an der Ecke zur Kieler Straße vom Glanz der damaligen Zeit und dem stadtbildprägenden Charakter der Otte-Ära. Und wer heute im Besitz einer Eckernförder Fayence aus den Otteschen Manufakturen sein sollte, kann sich glücklich schätzen, denn sie dürfte einen erheblichen Wert besitzen – und das ganz ohne Kursrisiko. Die Sparkassenstiftung ließ sich 1998 beispielsweise eine „Bischofsbowle“, eine Terrine für geistige Getränke, auf einer Kopenhagener Auktion rund 50 000 Mark kosten und schenkte sie dem Museum Eckernförde. Mit dem Tod Friedrich Wilhelm Ottes im Jahr 1766 verloren die Familie und die Stadt ihre zentrale Figur. Als auch noch der hervorragende Fachmann und Direktor Johann Buchwald 1768 die Eckernförder Manufaktur Richtung Kiel verließ und die berühmten Maler Johann und Abraham Leihamer wenig später folgten, war die Vormachtstellung der Fayencefabrik endgültig gebrochen. Rund 50 Jahre nach dem Aufstieg war der Verkauf der Fayencemanufaktur 1769 der Anfang vom Ende der großen Eckernförder Zeit, die mit der Einstellung der Produktion 1780 endgültig der Vergangenheit angehörte. Nach dem Bau des Eiderkanals 1784 verlor zudem die Schiffahrt massiv an Bedeutung, was den Niedergang nur noch beschleunigte. Auch der legendäre Graf von Saint-Germain, der in den ehemaligen Otteschen Fabriken in der Kieler Straße seine Farbforschungen und alchimistischen Experimente betrieb, konnte daran nichts ändern. Für die einen ein großer Geist, für die anderen ein Schar-

Der Stadtkern von Eckernförde Ende des 16. Jahrhunderts nach dem Städtebuch von Braun und Hogenberg. Eckernförde wurde zwischen 1250 und 1288 planmäßig angelegt. In diese Zeit fiel auch der Bau der St. Nicolai-Kirche. Die Ostsee und das Windebyer Noor waren zu diesem Zeitpunkt noch verbunden.

Die markanten Zwillingshäuser im Eckernförder Stadtzentrum entstanden in der Blütezeit der Stadt im 18. Jahrhundert.

latan, lebte der sagenumwobene Graf ein Leben zwischen Laboratorien, Königshöfen und kosmischen Dimensionen. Er starb 1784 in bitterer Armut in Eckernförde und wurde in der St. Nicolai-Kirche unter dem Kirchenschiff beigesetzt. Bei Sanierungsarbeiten 1983 wurde allerdings das Grab des Grafen nicht entdeckt. Vermutlich waren die Gebeine des Verblichenen nach der Sturmflut von 1872, die die Gräber unterspült hatte, auf den Friedhof am Mühlenberg umgebettet worden.
Immer schon spielten die Fischer und die Fischverarbeitung eine große Rolle, wenn auch in den vergangenen Jahrzehnten deren Bedeutung stark abnahm. Dicht an dicht lagen die in der ortsansässigen früheren Siegfried-Werft gebauten Fischkutter an der Pier. Ende des 19. Jahrhunderts gab es noch einen Verein für Wadenfischer mit 98 und einen Verein für Kleinfischer mit 150 Mitgliedern. 350 Fischer lebten um die Jahrhundertwende recht einträglich von der mühevollen, aber lohnenden Jagd auf Hering, Sprotte, Butt und Dorsch. Die Fangmengen waren enorm: Bei Sprotten lagen sie 1886/87 mit 700 000 Wall (ein Wall entsprach 80 Sprotten) weit über dem Durchschnitt der Landeserträge. Es war durchaus nicht ungewöhnlich, daß mit einer Wade 30 000 Wall Sprotten gefangen wurden, die einen Ertrag von 40 000 Mark brachten. Die Fische wurden in über dreißig Räuchereien der Altstadt veredelt. Holz zum Räuchern und für die Fischkisten, die von „Nageljungs" hergestellt wurden, gab es reichlich in der Umgebung. „In Eckernför dor hebbt se't rut ut Sülver Gold to maken" – dieser auf einem Altstadthaus im Kattsund zu lesende Spruch dokumentiert das große Selbstbewußtsein, das die Branche damals an den Tag legte. Die silbernen Fischleiber wurden im Rauch der Räucheröfen in

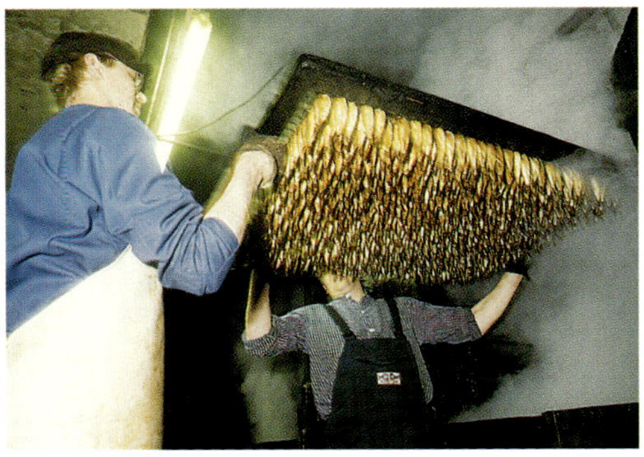

doppeltem Sinne vergoldet. Fischer, Räuchermeister und Fischhändler – das waren alles angesehene Leute, die zählten etwas. Klaglos nehmen sie mittlerweile hin, daß die von Eckernförder Fischern gefangenen und in Eckernförder Räucheröfen „vergoldeten" Sprotten als „Kieler Sprotten" zu Weltruhm gelangten. Die schmackhafte Räucherware wurde früher nämlich per Pferdewagen zum Kieler Bahnhof gefahren und von dort in die ganze Welt verfrachtet – der Abfertigungsstempel trug den Namen „Kiel" – somit leben die Fischliebhaber auf der ganzen Welt, außer den wenigen, die es besser wissen, in der trügerischen Annahme, ihre Leckerbissen stammten aus Kiel.
Die große Zeit der Fischindustrie ist vorbei. Gerade mal ein Dutzend Berufs- und Nebenerwerbsfischer und drei Räuchereien haben die Zeit überdauert. Nur wenige Fischer waren und sind in der Lage, dem drastischen Preisverfall bei Frischfisch sowie den langen Anfahrtswegen zu den immer weiter entfernten und zudem durch Fangquoten reglementierten Fanggründen die Stirn zu bieten. Die Verbliebenen sind Fischer mit Leib und Seele. Ihnen gehen auch schon mal „Exoten" wie Sibirische Störe oder Dornhaie ins Netz. Auch explosivere Fänge kommen durchaus vor, wie Minen oder Torpedos aus dem Zweiten Weltkrieg. Von einem Wal dürfen die Fischer allerdings nur träumen. Den letzten fingen sie 1580; allein die Zunge wog 300 Pfund, und die Leber brachte zweieinhalb Tonnen Tran. 1901 wurde in der Bucht erneut zur Walfischjagd geblasen, nur war „Moby Dick", wie die Zeitungen berichteten, zu schlau, um sich fangen zu lassen. Zehn Jahre später verirrte sich erneut ein Walfisch in den Eckernförder Hafen. Er strandete später bei Langballigau in der Flensburger Außenförde.

Wer hätte 1912 beim Bau des kaiserlichen Torpedoschießstandes im Süden der Stadt daran geglaubt, daß die Marine einmal eine führende Rolle in Eckernförde spielen würde? Nach dem Transit- und Seehandel, der Blüte der Otteschen Handelsflotte, der Manufakturen sowie der Fischerei stellte der Aufbau der Wehrtechnik und Marine in Eckernförde den vierten wirtschaftlichen Schub dar. Die Einrichtung des militärischen Stützpunktes war jedoch mit einigen Rückschlägen und Mühen verbunden. In der Notzeit nach dem Ersten Weltkrieg wurden zunächst auf der einstmals kaiserlichen Torpedoschießanlage Öfen und Herde zusammengebaut. Der Versailler Vertrag meinte es gut mit Eckernförde, denn nur das Stammwerk in Friedrichsort mußte aufgelöst werden, nicht aber die Niederlassung in Eckernförde – vermutlich war die Stadt einfach zu unbedeutend für die Siegermächte. Die Torpedoversuchsanstalt (TVA) wuchs bis 1935 auf eine Belegschaft von 250 Mann. Mit der Wiedereinführung der Wehrpflicht im gleichen Jahr begann der große Aufschwung für die TVA und die Marine in Eckernförde, deren Anlagen in den dreißiger Jahren zügig ausgebaut wurden. Neben der TVA-Süd wurden die Liegenschaften Eckernförde-Nord und Surendorf errichtet. 1939 arbeiteten bereits 1000 Mann in den Dienststellen. Die TVA war in dieser Zeit fester Bestandteil der NS-Rüstungspolitik und hatte maßgeblichen Anteil an der Entwicklung von Torpedos für die Marine. Parallel zu den

Räucherfisch frisch aus dem Rauch ist eine Delikatesse. Die wenigen verbliebenen Fischräuchereien in Eckernförde beliefern Kunden in ganz Deutschland. Der Spruch an einem Haus in der Altstadt „In Eckernför dor hebbt se't rut ut Sülver Gold to maken" unterstreicht die große Räuchertradition im Ostseebad.

neu entstehenden Arbeitsplätzen wurden in Eckernförde viele Wohnungen gebaut, es entstanden vier große Barackenlager für rund 2000 Menschen. Die TVA kurbelte die Konjunktur in Eckernförde kräftig an, Zulieferbetriebe lebten weitgehend von ihren Aufträgen. Anfang 1945 arbeiteten rund 5500 Menschen bei der TVA und der Marine. Die Zahl der Bewohner Eckernfördes hatte sich von 1933 bis 1944 von 8000 auf 16 500 verdoppelt.
Eckernförde sollte noch einmal überdimensional wachsen. Das Kriegsende 1945 erlebten 10 000 Flüchtlinge in der Stadt. Sie kamen auf Schiffen aus Pommern und Ostpreußen, im Mai 1945 lagen 212 Flüchtlingsschiffe im Hafen und auf Reede. Mit 41 Flüchtlingen auf 100 Einwohner stand Eckernförde an der Spitze aller Kreise und kreisfreien Städte in Schleswig-Holstein. Von Bombenangriffen blieb die Stadt verschont. Die englischen Besatzer schlossen jedoch nach Kriegsende die TVA, Tausende verloren ihren Arbeitsplatz. Aufgrund der hohen fachlichen Qualifikation der früheren Mitarbeiter und der steuerlichen Vorteile in dem zum Notstandsgebiet erklärten Eckernförde siedelten sich in den fünfziger Jahren einige bedeutende Firmen an. Und auch die TVA wurde unter der neuen Bezeichnung Erprobungsstelle 71 der Bundeswehr wieder aufgebaut und avancierte bald zu einem der größten Arbeitgeber in der Stadt.
Ende 1964 standen dort bereits wieder 800 Bedienstete in Lohn und Brot. Aus der Erprobungsstelle 71 ist inzwischen die Wehrtechnische Dienststelle für Schiffe und Marinewaffen, die WTD 71, geworden. In den neun Liegenschaften sind derzeit rund 900 Menschen beschäftigt. Das Aufgabengebiet hat gegenüber einer reinen Torpedoentwicklungswerkstatt erheblich zugenommen. Immer mehr Entwicklungsaufträge kommen aus Forschungslabors großer Unternehmen. Militärisch konzentriert sich Eckernförde auf die U-Boote. Seit 1998 haben alle 14 deutschen Unterseeboote im einzigen Tiefwasserhafen der Ostsee, dem Kranzfelder Hafen, festgemacht. In einigen Jahren sollen die neuen, kaum noch ortbaren und für eine unvorstellbar lange und noch geheime Unterwasserstehzeit konstruierten U-Boote vom Typ 212 in Dienst gestellt werden. In Eckernförde werden alle künftigen U-Bootfahrer im Ausbildungszentrum U-Boote auf ihre Einsätze vorbereitet. Auch die amphibischen Spezialisten, die Kampfschwimmer und Minentaucher, sind in der Waffentaucherkompanie in der Marinekaserne Nord beheimatet. Nur noch ein zeitlich befristetes Dasein sind der Marinewaffenschule und der Marinefernmeldeschule im bei den Soldaten sehr beliebten Standort Eckernförde beschieden – die Ausbildung wird kurz nach der Jahrtausendwende in anderen Marineschulen stattfinden. Die Truppenreduzierung geht auch an Eckernförde nicht spurlos vorüber. Von den rund 3500 zivilen und militärischen Arbeitsplätzen sollen über 40 Prozent abgebaut werden. Doch die Verantwortlichen in Politik und Verwaltung sowie die Bürger der Stadt Eckernförde haben bewiesen, daß sie sich auf neue Situationen einzustellen wissen. Und so wird seit langem alles getan, um den Teilabzug der Marine zu kompensieren. Es entstand bereits ein von Bund und Land hochsubventioniertes neues Gewerbegebiet im Süden der Stadt. Das hier angesiedelte Technik- und Ökologiezentrum (TÖZ) könnte zur Keimzelle für eine wirtschaftliche Neuorientierung werden.

Der Panoramablick vom Borbyer Ufer aus auf den Eckernförder Hafen offenbart die verschiedenen Nutzungen als Getreideumschlagplatz, Fischereihafen, Ausgangspunkt von zollfreien Einkaufsfahrten sowie Liegeplatz von Traditionsseglern und Segelschiffen.

F

Für viele das Herz Eckernfördes: der Hafen mit seinem markanten Rundspeicher aus den dreißiger Jahren, in dem das Getreide der umliegenden Güter und Höfe für den Transport auf See gelagert wurde. Auch wenn der Getreideumschlag nicht mehr die Zahlen früherer Dekaden erreicht, ist der Speicher eine von der Europäischen Union subventionierte Lagerstätte für Weizen geblieben. Der Hafen ist Liegeplatz für die verbliebenen Fischkutter, vereinzelte Segelboote und Traditionssegler.

GETREIDE AG

Die Altstadt rund um die Fischerstraße, Kattsund und Gudewerdtstraße ist das frühere Zentrum Eckernfördes. Stockrosen zieren die Häuserwände, weiß gekalkte Findlinge dienen als dezente Abstandhalter für Fahrzeuge und Fußgänger, die die Grenzziehung akzeptieren und auf dem Kopfsteinpflaster bleiben. Zunehmend finden sich im Eckernförder Stadtkern kleine Restaurants und liebevoll restaurierte Wohnungen.

4

Die Entwicklung Eckernfördes wird seit jeher von seiner günstigen Lage an der Ostsee bestimmt – ein Privileg, das der Stadt auch künftig den Platz an der Sonne sichern wird. Allein der Tourismus mit jährlich rund 150 000 Übernachtungen und unzähligen Tagesgästen beschert Handel und Gewerbe, der Gastronomie und den Vermietern gute Umsätze. Doch die Konkurrenz im eigenen Land und vor allem in Mecklenburg-Vorpommern übt ständigen Druck auf die Innovationsfähigkeit der touristisch Verantwortlichen und die Angebotsvielfalt des Einzelhandels aus. Es werden große Anstrengungen im Servicebereich und Veranstaltungsprogramm unternommen, die Urlauber zufriedenzustellen und neue Gäste zu gewinnen.

Etwas leichter hatten es da die drei honorigen Herren, die vor 168 Jahren Eckernfördes Weg zum anerkannten Ostseebad ebneten: Physikus Dr. Petersen, Pastor Bruhn und Senator Lorentzen. Sie bauten 1831 die erste Warmwasserbadeanstalt im nördlichen Schleswig-Holstein mit zwei Badekammern am Vogelsang/Ecke Karlstraße. Die Einrichtung lag somit im damals noch eigenständigen, erst 1934 eingemeindeten Borby, worauf viele Borbyer heute noch großen Wert legen. „Wildes Baden" am Strand war verpönt und galt als unfein. Züchtig in geschlossenen Kammern und auf Badeflößen, später in Badekarren, tauchte man in hochgeschlossener Tracht kurz unter – fertig war der Ostseegang. Kurz nach den Herren war es dann auch den Damen vergönnt, sich dem Bade hinzugeben. Natürlich wurde seitens der Ordnungshüter streng darauf geachtet, daß die Sittlichkeit der neuen, freizügigen Badekultur gewahrt blieb, wie eine polizeiliche Anordnung noch 1898, fast 70 Jahre nach der Inbetriebnahme der ersten Badeanstalt, verdeutlichte: „Vormittags von 8 bis 11 Uhr für erwachsene Mädchen und Frauen sowie für kleine Kinder. 11 bis 12 Uhr vormittags, 2 bis 4 Uhr nachmittags für noch nicht konfirmierte Mädchen. 4 bis 7 Uhr nachmittags für noch nicht konfirmierte Knaben. 7 bis 9 Uhr abends für Lehrlinge etc. und erwachsene Männer".

Regelmäßige Gäste der Badeanstalt waren Landgraf Carl von Hessen, Statthalter des dänischen Königs auf Louisenlund, und seine Frau, Prinzessin Louise. Der Regent gab der ersten Badeanstalt im Lande den Namen „Marien-Louisen-Bad" nach den Vornamen seiner beiden Töchter. Aufgrund dieser Protektion von höchster Stelle entwickelte sich das Borbyer Seebad zu einer Versammlungs- und Vergnügungsstätte erster Güte. Kaiser Wilhelm II., dessen Bruder Prinz Heinrich von Preußen auf dem nahe gelegenen Gut Hemmelmark zu Hause war, ließ es sich regelmäßig zur Kieler Woche im „Marien-Louisen-Bad" wohl ergehen und veranstaltete dort Abendvergnügungen für die Hautevolee. Seine Majestät hat nach den maritimen Gesellschaftsabenden das eine oder andere Mal in dem 1881 errichteten „Strandhotel" übernachtet. Kaiserin Auguste Victoria, nach der übrigens auch der Winnemarker Gasthof „Victoria" mit deren Einverständnis benannt wurde, soll das Borbyer Bad gar allen anderen Bädern vorgezogen haben.

Freizeitbeschäftigungen und (Bade-) Mode waren schon immer dem Zeitgeist unterworfen. Seit der Jahrhundertwende ging es auch an der See natürlicher und freizügiger zu. Das Sonnenbaden am Sandstrand verdrängte das zugeknöpfte Zeitalter der Badekammern und -flöße. Auch mit der Geschlechtertrennung nahmen es die Badbetreiber und Ordnungsbehörden nicht mehr so genau, so daß sich langsam eine modernere Form des Strandlebens etablierte – diesmal jedoch nicht im Seebad Borby, sondern am feinen Sandstrand von Eckernförde. Die Glanzzeit des einst mondänen „Marien-Louisen-Bades" endete nach dem Ersten Weltkrieg. Eckernförde hingegen baute am gegenüberliegenden Ufer seine Kuranlagen zügig aus und erhielt schon 1923 den Titel „Ostseebad Eckernförde". 1931 wurde der Stadt die Badekonzession für das gesamte Strandgebiet vom Hafen bis nach Altenhof erteilt. Der Zweite Weltkrieg unterbrach den Aufstieg Eckernfördes zu einem der beliebtesten Ostseebäder.

Der kilometerlange Sandstrand von Eckernförde läßt viel Raum für die kreative Entfaltung. Der Bau von Sandburgen und der spielerische Umgang mit Sand, Wasser und Muscheln bereitet vielen Kindern Vergnügen.

Doch die Stadtväter stellten schon unmittelbar nach Kriegsende die Weichen für den touristischen Wiederaufbau. Der Kurpark, während der letzten Kriegsjahre zeitgemäß-sinnvoll als Kartoffelacker genutzt, wurde zur Oase inmitten der Stadt ausgebaut, und es gab wieder Kurkonzerte. Fußball- und Faustballbäderturniere sowie Fischkutterregatten fanden großen Zuspruch. Stadtführungen, Einkaufsfahrten auf See und Besichtigungen von Fischräuchereien waren ebenfalls gern genutzte Angebote. Mit dem Bau der Autobahn begann Anfang der siebziger Jahre die Urlauberwelle erst richtig Richtung Norden und Eckernförde zu rollen. Zusätzlichen Anreiz für einen Urlaub auch außerhalb der Hauptsaison bot das im Olympiajahr 1972 fertiggestellte Meerwasserwellenbad.

Profitiert hat Eckernförde zweifellos auch von der Sogwirkung des 1973 eröffneten Ferienzentrums Damp. Vor allem die Nordrhein-Westfalen hatten und haben Eckernförde als Urlaubsstadt in ihr Herz geschlossen.

„In Sturm und Wetter ist Gott unser Retter“ lautete das Motto der legendären „Eckernförder Yachtmannschaften“. 17 Eckernförder Fischer gründeten am 26. Oktober 1906 in der Ostseehalle am Jungfernstieg den „Verein der Yachtmannschaften zu Eckernförde“. Ziel der selbstbewußten und bärenstarken Seemänner war es, im fangfreien Sommer auf majestätischen Yachten zu segeln, den englischen Yachtmannschaften Paroli zu bieten und für ihre herrschaftlichen Arbeitgeber Regatten und Ruhm zu gewinnen – ein Vorhaben, das den hochkarätigen Seglern und mutigen Männern aus Eckernförde meist gelang. Die Yachtmatrosen, die neben seglerischem Können auch ansehnlich von Gestalt, kräftig, reinlich und mit annehmbaren Manieren ausgestattet sein mußten, bescherten auf der „Meteor III“ dem Kaiser persönlich und auf der „Germania“ dem Industriemagnaten Krupp viele große Regattasiege auf der Kieler Woche und in der ganzen Welt. Egal, was die Yachtbesitzer auch springen ließen, die Heuer der Yachtmatrosen legte einzig und allein der Verein fest: ein Geldbetrag (Start- und Preisgeld, Prämien), jährlich ein maßgeschneiderter Anzug, ein neuer dunkelblauer Troyer mit eingesticktem Schiffsnamen und zwei Paar neue Schuhe. Es lohnte sich, ein Seemann vom Schlage der Eckernförder Yachtmatrosen zu sein, ganz abgesehen vom hohen Ansehen. Der Verein der Yachtmannschaften feierte 1996 sein 90jähriges Bestehen. Die Tradition wird von den fast ausnahmslos passiven Mitgliedern gepflegt. Bei den regelmäßigen Treffen, früher im „Schifferhaus“ und heute im Segelclub, werden die alten Zeiten wieder lebendig. Und so manches Seglerherz wird schwer, wenn am Horizont die Masten und Segel alter Schiffe sichtbar werden oder der jüngste noch aktive Yachtmatrose auf der schwarzen Luxusyacht „Ashanti IV“ nach einer mehrmonatigen Karibik-Kreuzfahrt mal wieder im Eckernförder Hafen festmacht.

Genau sechs Jahre älter als der Verein der Yachtmatrosen ist der Segelclub Eckernförde (SCE). Der Kommodore im Gründungsjahr 1900 war kein Geringerer als der bereits erwähnte Prinz Heinrich von Preußen. Segeln hat eine lange Tradition in Eckernförde. Der Club zählt zu den aktivsten im Land, und seine Anlage zwischen der Villengegend Jungmannufer und dem Marinehafen gilt als eine der schönsten im Lande. Der SCE richtet große Segelsportereignisse aus und ist für die Betreuung der traditionellen Auftaktregatta zur Kieler Woche, der „Aalregatta“ (pro Crew gibt es einen Aal), verantwortlich. Über 200 große Yachten liegen dann dicht gedrängt Bordwand an Bordwand an der Pier, so daß nur noch in der Hafenmitte eine schmale Fahrrinne bleibt. Die Segler genießen die Entspannung und die Feier nach dem Törn in der einmaligen Atmosphäre des Eckernförder Hafens, der an diesem Wochenende von Zehntausenden Menschen bevölkert wird.

So friedlich wie heute ging es in der Bucht nicht immer zu. Wer die Segelschiffe und Ausflugsdampfer kreuzen sieht, mag kaum glauben, daß vor rund 600 Jahren Seeräuber vor Eckernförde ihr Unwesen trieben und in dem Hafenstädtchen einen Stützpunkt hatten. Die Vitalienbrüder wurden Anfang des 15. Jahrhunderts von den holsteinischen

Ein besonderes Erlebnis ist die Fahrt auf einem Traditionssegler – hier die „Jachara“ beim Einlaufen in den Eckernförder Hafen. Auf den alten Schiffen ist alles noch Handarbeit. Gestrauchelte Jugendliche erhalten auf längeren Törns die Gelegenheit, Gemeinschaft neu zu erleben und Erfolgserlebnisse zu sammeln.

Grafen in der Auseinandersetzung mit der dänischen Krone zielgerichtet eingesetzt. Sie erhielten Freibriefe zur Kaperung dänischer Handelsschiffe, verschmähten darüber hinaus aber auch Koggen der Hansestädte nicht. Schon 1386 kehrte ein Pirat namens Knebrech mit fetter Beute von einem Raubzug in die Stadt zurück. Überliefert sind ferner ein Piratenüberfall 1409 auf dänische Kaufleute und die Entführung eines aus Reval kommenden Schiffes samt Ladung nach Eckernförde im Jahr 1416. Fünf Jahre später wurden drei Eckernförder Bürger als „Piraten" in einem Verzeichnis geführt: Peter Gold, Klaus Schütte und Klaus Mertens. Sie überließen dem Vogt, dem Vertreter der holsteinischen Grafen, 19 Tonnen Salz als Beuteanteil. Außerdem erbeuteten sie Trockenfisch, Walspeck, Pferde und Tuche. 1421 enterten die Freibeuter gleich mehrere Schiffe und warfen die Besatzungen über Bord. In den folgenden Jahren wußten sich die Schiffe besser vor Überfällen zu schützen, so daß sich die Piraterie an der Ostseeküste nicht mehr lohnte.

Über vier Jahrhunderte später brachte eine mächtige Explosion Eckernförde mit einem Schlag in die Geschichtsbücher. Man schrieb den 5. April 1849. Die Schleswig-Holsteinische Erhebung gegen Dänemark war in vollem Gange. Vor der Stadt hatten tags zuvor die beiden schwerbewaffneten dänischen Kriegsschiffe „Gefion" und „Christian VIII." Stellung bezogen, um die Stadt zu nehmen. Am Strand hatte der preußische Artillerie-Leutnant Werner von Siemens eine Nord- und eine Südschanze angelegt, die mit ihren wenigen Kanonen den 48 Kanonen der „Gefion" und 84 Geschützen der „Christian VIII." (397 bzw. 665 Mann Besatzung) allerdings hoffnungslos unterlegen waren.

Von der Süderschanze wurde am Gründonnerstag des Jahres 1849 der entscheidende Schuß abgegeben, der das stolze dänische Linienschiff „Christian VIII." in Brand setzte und mit einer gewaltigen Explosion detonieren ließ.

Die „Gefion" wurde festgesetzt und später unter dem Namen „Eckernförde" unter deutsche Flagge gestellt. 105 dänische Soldaten fanden den Tod. Im Kurpark, wo sich einst die Süderschanze befand, erinnert ein Mahnmal an diesen bewegenden Tag, und eine Nachbildung der Galionsfigur der Fregatte „Gefion", deren Original aus Eichenholz im Rathaus steht, dient als Brunnen. Noch heute gehen Hobbytaucher vor Eckernförde auf die Suche nach Wrackteilen des explodierten Kriegsschiffes.

In der Regel ist die Ostsee milde gestimmt. Deiche wie an der Nordseeküste sind nicht erforderlich. Doch die Natur ist unbezähmbar, und der „blanke Hans" hat im Laufe der Jahrhunderte mehrmals seine Macht unter Beweis gestellt, zuletzt 1872, 1904, 1954 und 1957. Die größte Katastrophe ereignete sich in Eckernförde am 13. November 1872 – die große Sturmflut. Nach tagelangem ablandigem Westwind schlug die Windrichtung plötzlich um, und ein orkanartiger Nordost drückte meterhohe Brecher und gewaltige Wassermassen in den Hafen. Der Pegelstand erreichte mit 3,76 Meter über NN seine Höchstmarke, der Steindamm zwischen Ostsee und Noor brach. „Wie wenn die Hölle losgelassen …" muß es den Ein-

Ein liebgewonnenes Provisorium: Die Holzbrücke über den Hafen verbindet den Stadtteil Borby mit dem Stadtzentrum Eckernfördes. Wollen größere Schiffe in den Innenhafen, muß der Hafenmeister den mittleren Teil der Brücke hochklappen.

wohnern vorgekommen sein, das Museum zeigte unter diesem Titel 1997 eine eindrucksvolle und vielbeachtete Ausstellung. Die Schadensbilanz der großen Sturmflut reichte aus, in Eckernförde den lokalen Notstand auszurufen: 78 Häuser waren zerstört, 138 Häuser unbewohnbar, 112 Familien hatten ihre Wohnungen verloren. Wasserstandsmarken von 1872 befinden sich an den Häusern Rathausmarkt 1, Frau-Clara-Str. 12 und Jungfernstieg 83 – nur die Betrachter mit einer Größe über 1,80 Meter hätten ihren Kopf noch über Wasser halten können. Nicht nur die Häuser mußten wieder aufgebaut, auch die Verbindung von Eckernförde nach Borby mußte wiederhergestellt werden. Pioniere errichteten im Dezember 1872 die Holzbrücke über den Hafen – sie ist bis heute ein Wahrzeichen der Stadt geblieben.

Der zentral gelegene Hafen mit dem denkmalgeschützten Rundsilo aus dem Jahr 1934 steht vor tiefgreifenden Veränderungen. Als Umschlagplatz hat er bis auf die Getreideverladung in der Erntezeit seine wirtschaftliche Bedeutung verloren. Politik, Verwaltung und nicht zuletzt engagierte Bürger arbeiten an einem Nutzungskonzept für den Hafen, das die Bereiche Arbeit, Wohnen, Kultur, Gewerbe, Freizeit und Gastronomie miteinander verbinden soll. Gewachsene Strukturen und Traditionen wie die Fischerei, Schiffbau und Handwerk sollen aufgegriffen, gestärkt und mit neuen Angeboten bis hin zu erlebnispädagogischen und touristischen Ansätzen verknüpft werden. Ein spannender, für die Stadt sehr wichtiger Prozeß. Einmal im Monat Fischmarkt (an jedem ersten Sonntag) mit Zehntausenden von Besuchern reicht nicht aus, um die Anziehungskraft auf Dauer zu erhöhen. Eher schon der neue Sportboothafen an der Außenmole, in dem über 100 Segelschiffe und Motorboote festmachen können.

Wäre der Nord-Ostsee-Kanal seinerzeit, wie vom Geheimen Oberbaurat Lentze und vom Hamburger Reeder Hermann Dahlström in Gutachten vorgeschlagen, von St. Margarethen an der Westküste nach Eckernförde und nicht aus militärtaktischen Erwägungen und auf Druck von Admiral Tirpitz auf der Trasse Brunsbüttel–Kiel gebaut worden, gäbe es die Hafenproblematik wohl nicht. Aber vielleicht erhält Eckernförde in Zukunft doch noch seinen Kanal – die langfristige Wiederherstellung der Verbindung von Ostsee und Noor, die bis 1927 bestand, wird nicht allein im Landschaftsplan der Stadt mit Sympathie betrachtet, sondern auch von den Hafengutachtern als sinnvoll erachtet.

Wenn Fischkutter im Eckernförder Hafen liegen, zeigt er sich von seiner schönsten Seite. Doch auch die Mischung aus Kuttern, Segelyachten und alten Zweimastern ist für den Betrachter reizvoll. Im Hintergrund links ragt der imposante Rundspeicher empor.

Buchstäblich am Abgrund stehen die Buchen am Steilufer bei Kiekut südlich von Eckernförde. Nach kilometerlangem Sandstrand in der Stadt prägen steile Abhänge und bewaldete Naturlandschaften die südliche Küste der Eckernförder Bucht. Die Naturstrände sind Fundgruben für Liebhaber von Versteinerungen. Eiszeitliche Gletscher haben eine Fülle unterschiedlichster Steine an die schleswig-holsteinische Ostküste geschoben.

Das Badeleben fing zwar in Borby an, der feine weiße Sandstrand Eckernfördes ließ die Badegäste nach Lockerung der strengen Kleiderordnung und Geschlechtertrennung aber schnell im Ostseebad heimisch werden. Der Eckernförder Strand ist ein beliebter Ausflugsort für die ganze Familie, und am Südstrand kann man sich mit Beach-Volleyball und Minigolf die Zeit vertreiben. Die Innenstadt ist nur einen Steinwurf entfernt – Einkaufen in der Badehose wäre problemlos möglich. Direkt am Strand befindet sich die im alten Bootshaus untergebrachte Galerie „Nemo", in der Künstler aus dem Baltikum und Skandinavien Raum für ihre Installationen, Skulpturen und Bilder finden.

Im Zwielicht des gerade anbrechenden Tages wird der verbindende Charakter der nach der großen Sturmflut vom 13. November 1872 zwischen Eckernförde und dem damals noch eigenständigen Dorf Borby errichteten Holzbrücke besonders deutlich. Friedlich ruht die Stadt in der Grauzone zwischen Nacht und Tag; nur wenige, wie der Radfahrer auf der Brücke, sind bereits auf den Beinen.

Der Yachthafen des Segelclubs Eckernförde, der im Jahr 2000 sein 100jähriges Jubiläum feiert, gilt als einer der schönsten Häfen im Norden. Im Sommer sind dort auch zahlreiche Schiffe auswärtiger Segler zu Gast. Anläßlich eines Fahrtenseglertreffens, an dem viele Segler aus dem Baltikum, Rußland und Polen teilnehmen, liegen die Boote hier dichtgedrängt im Hafenbecken.

Feiner Strand, sauberes Wasser, gesunde Seeluft, eine intakte Umwelt, eine überschaubare, lebhafte und sehr reizvolle Innenstadt mit unmittelbarer Strand- und Hafenanbindung sowie eine eindrucksvolle und abwechslungsreiche Umgebung machen Eckernförde zu einer der beliebtesten und attraktivsten Städte an der Ostseeküste. 23 000 Menschen leben in dem Seebad, die Nachbarstädte Kappeln, Schleswig, Rendsburg und Kiel sind auf Straßen und Schienen schnell zu erreichen. Ohne Übertreibung kann man Eckernförde eine hohe Lebensqualität zusprechen.
In Eckernförde liegt alles nah beieinander. Das verwundert nicht: Die Stadtgrenzen umschließen nur rund 1800 Hektar Fläche – und davon entfallen nochmals 20 Prozent auf die Wasserfläche des Windebyer Noores. Damit steht den 23 000 Einwohnern und den Gewerbebetrieben weniger Fläche zur Verfügung als den 1700 Bürgern Barkelsbys. Eckernförde zeigt dafür auf anderen Gebieten Größe. Für seine vorbildlichen Aktivitäten im Natur- und Landschaftsschutz wie in der Renaturierung und der konsequenten Umsetzung des Landschaftsplans in die Bauleitplanung der Stadt wurde Eckernförde 1995 mit dem Titel „Bundeshauptstadt für Natur- und Umweltschutz 94/95" ausgezeichnet. Als nächstes großes Projekt haben die Planer eine Fuß- und Radwegverbindung aller städtischen „Naturreservate" vom Sandkruggelände über die Goosseewiesen, das Domslandmoor im Süden und das Windebyer Noor bis zur Lachsenbachniederung und zum Gallbergwäldchen im Norden ins Auge gefaßt.
Die Stadt begrüßt ihre Besucher auf Schrifttafeln an den Ortseingängen nicht nur als ehemalige Bundesumwelthauptstadt, sondern auch als UNO-Stadt, die einzige in ganz Deutschland. Der Name „UNO-Stadt" macht sich nicht in klingender Münze bezahlt, vielmehr möchte die Stadt dadurch ein Zeichen für die Völkerverständigung setzen. Die Pflege von sieben Städtepartnerschaften nach Dänemark, Schweden, Holland, England, Polen, Tansania und Mecklenburg-Vorpommern ist dafür ein Beleg.
Technik- und Ökologie sind in Eckernförde keine Gegensätze. Bester Beweis für ein gedeihliches Miteinander ist das Technik- und Ökologiezentrum (TÖZ) im neuen Gewerbegebiet. Junge, innovative Unternehmen haben dort fünf bis acht Jahre Zeit, um Marktreife zu erreichen. Im August 1998 wurde der Erweiterungsbau TÖZ II fertiggestellt. Im Verbund mit den Städten Kiel, Rendsburg und Neumünster agiert Eckernförde zudem im K.E.R.N.-Verbund und erhofft sich dadurch wirtschaftlichen Aufwind und neue Impulse. Die Wirtschaftsstruktur der Stadt wird geprägt durch kleine und mittelständische Betriebe und einen starken Einzelhandel. Als größte Gewerbebetriebe nehmen der Spirituosenhersteller und Getränkegroßhandel Behn, der Pistolen-, Jagd- und Sportwaffenhersteller SIG Arms Sauer und der Ventilatorräderproduzent Punker eine herausragende Stellung ein – nicht nur in puncto Gewerbesteuern, sondern auch als Arbeitgeber.
Übrigens hat auch der erste Exportschlager Eckernfördes mit Alkohol zu tun: Es war das Kakabellenbier im 16. Jahrhundert, dessen wohltuende Wirkung auch Kardinal Raymundus 1503 am eigenen Leib verspürte. Der Abgesandte des Papstes litt angesichts der Reisestrapazen an ausgeprägter Darmträgheit und fand erst nach dem Genuß des vielgepriesenen Eckernförder Bieres Erleichterung. „Bella cacare" soll er danach freudig ausgerufen haben. Der gute Ruf der Eckernförder Brauer sprach sich herum und bescherte ihnen reichlich Absatz im Lande. Nach dem Kakabellenbier wurde später eine Straße in Eckernförde benannt.
Die wirtschaftlichen Blütezeiten und unterschiedlichen Epochen bescherten der Stadt eine Vielzahl stadtbildprägender Bauwerke. Neben den Zwillingshäusern und dem Kornspeicher in der Langebrückstraße, dem Rundsilo und der Holzbrücke am Hafen zählen auch das sorgsam renovierte, kastenförmige

Das 405 Hektar große Windebyer Noor, benannt nach der Nachbargemeinde, macht fast ein Viertel der gesamten Fläche Eckernfördes aus. Noch bis in die zwanziger Jahre unseres Jahrhunderts bestand eine breite Verbindung mit der Ostsee. Das Windebyer Noor wird fischwirtschaftlich genutzt, der Noorwanderweg ist ein beliebtes Ausflugsziel.

Speichergebäude und das alte Zollhaus, ebenfalls am Hafen gelegen, die „Ritterburg“ aus dem 16. Jahrhundert als eines der ältesten Gebäude der Stadt, das Postamt in der Kieler Straße, das Verlagshaus der Eckernförder Zeitung und das alte Rathaus aus der Mitte des 15. Jahrhunderts am Rathausmarkt, heute Sitz des Museums, das Café Heldt in der St.-Nicolai-Straße sowie das alte Kreishaus und das Finanzamt am Mühlenberg dazu. Es gibt weitaus mehr positive Beispiele der Gebäudesanierung als mißlungene, so daß das Stadtbild im Laufe der Zeit kaum etwas von seiner Geschlossenheit verloren hat.

Zu den herausragenden Bauwerken zählen die beiden Kirchen St. Nicolai und Borby. Der Ursprung der St. Nicolai-Kirche geht auf das 13. Jahrhundert zurück. Zwischen dem 14. und 16. Jahrhundert wurde das Gotteshaus als dreischiffige Hallenkirche erweitert und das mächtige Satteldach, das selbst den unteren Teil des Westturms überspannt, gedeckt. Der Kirchenraum mit dem 1913 freigelegten Ziegelmauerwerk an Wänden und Pfeilern, den renovierten Epitaphien und der abgeteilten Ahlefeldtschen Grabkapelle zählt zu den schönsten und erhabensten im Land.

Mitten in der Kirche steht das meisterhafte Bronzetaufbecken des Glockengießers Michel Dibler aus dem Jahr 1588. Zwei Arbeiten der berühmten Eckernförder Holzschnitzerfamilie Gudewerdt ragen heraus. Hans Gudewerdt der Ältere schnitzte 1605 die Kanzel, die nach der Sturmflut 1872 teilweise erneuert werden mußte, und zahlreiche Reliefs. Sein Sohn Hans Gudewerdt der Jüngere übertraf seinen Vater noch in der Darstellungskraft. Er wurde einer der bedeutendsten Barockbildhauer seiner Zeit und schuf 1640 mit dem Hochaltar in der St. Nicolai-Kirche ein Meisterwerk des norddeutschen Knorpelbarocks. Gudewerdt der Jüngere arbeitete den Altar aus dem Eichenholz heraus und verschaffte den Figuren durch seine überragende Schnitztechnik ein Höchstmaß an Plastizität.

Der barocke Altaraufsatz des großen Eckernförder Holzschnitzers Hans Gudewerdt des Jüngeren (ca. 1600 bis 1671) zählt zu den herausragenden Kunstwerken in der St. Nicolai-Kirche. Jede der zehn großen Holzplastiken ist ein Meisterwerk. Dieser Ausschnitt zeigt den Fuß des Evangelisten Markus, der auf einem Löwenkopf ruht.

Die Borbyer Kirche (Borby, früher Borgheby, heißt in Anlehnung an die frühere Burg „Burgdorf") ist älter als der spätgotische Backsteinbau St. Nicolai und zieht den Besucher durch ihre Schlichtheit und Kompaktheit in ihren Bann. Der einschiffige, im Kern romanische Feldsteinbau stammt aus den Jahren zwischen 1180 und 1210 und überragt den Stadtteil auf dem Petersberg nördlich des Hafens. Blickfang gleich links im Turmraum ist der Sandsteinsarkophag des 1722 verstorbenen Gutsbesitzers von Hemmelmark, Oberstleutnant Christian von Leuenburg. Der Sarkophag wurde 1988 bei Sanierungsarbeiten unterhalb des alten Turmraumes entdeckt. Der Altar stammt aus dem Jahr 1686 und stellt eine Nachfolgearbeit des Nicolai-Altars aus der Schnitzerschule der Gudewerdts dar, der Meister ist allerdings unbekannt. Als bedeutendstes Kunstwerk in der Borbyer Kirche gilt der aus gotländischem Kalkstein gefertigte romanische Taufstein aus dem frühen 12. Jahrhundert. Reliefszenen mit aussagekräftigen Darstellungen umgeben das runde Taufbecken, das auf einem quadratischen Fußblock ruht, dessen Ecken von vier Evangelisten gebildet werden.

Eckernförde wartet mit einem für seine Größe erstaunlich vielfältigen Bildungs- und Kulturangebot auf. Neben vier Grundschulen sind alle weiterführenden Schulen am Ort vertreten, dazu gibt es eine dänische Schule, eine Waldorfschule, die Kreisberufsschule sowie Förderschulen.

Die Kultur der Stadt kann sich zwar nicht mit der großer Metropolen messen, sie bezieht ihren Charme jedoch aus der Kombination von Professionalität und „hausgemachter" Kultur. Die Konzertreihe und die Theatergemeinschaft holen regelmäßig hochkarätige Künstler ins Ostseebad, und der städtische Kulturbeauftragte füllt nicht nur die künstlerischen Nischen, sondern initiiert immer wieder neue Veranstaltungsreihen.

Ein Einblick in die Geschichte Eckernfördes wird den Besuchern des Museums im alten Rathaus am Rathausmarkt geboten. Das Haus zeigt die Anfänge der Fischerei, die Fischverarbeitung, traditionelles Handwerk, Eckernförder Fayencen und die Entwicklung des Badelebens. Ein alter Kaufmannsladen ist im großen Saal aufgebaut, und auch die Flüchtlingszeit nach dem Zweiten Weltkrieg wird thematisiert. Sehr große Resonanz finden die Sonderausstellungen von Malerei über Keramik bis hin zur Fotografie, die das Museum alle zwei bis drei Monate in den unteren Räumen anbietet. Die Außenstelle in

Bereits aus dem frühen 12. Jahrhundert stammt der aus gotländischem Kalkstein gefertigte romanische Taufstein in der Borbyer Kirche. Das runde Taufbecken ruht auf einem quadratischen Fußblock, dessen Ecken von den vier Evangelisten gebildet werden.

Jedes Jahr zu Pfingsten schießt die Eckernförder Bürgerschützengilde von 1570 auf den prächtigen Papagoyenvogel, der mit einem musikalischen Umzug zum Schießplatz am Kurstrand gebracht wird. Königsschütze (aber nicht der König) ist derjenige, der das letzte Stück von der Stange schießt.

der Ottestraße ist ganz der Dauerausstellung „Vergessen und verdrängt“ aus der düsteren Zeit des Nationalsozialismus gewidmet. Zwei Landarbeiter wurden 1932 beim Sturm der Nazis auf das Gewerkschaftshaus in Borby getötet. Ein Gedenkstein auf dem Petersberg hoch über dem Hafen erinnert an die Geschehnisse.

Zu Pfingsten erwacht in Eckernförde das Gildeleben. Den Anfang macht die Bürgerschützengilde von 1570, auch Gelbe Westen-Gilde genannt. Pfingstmontag und Dienstag feiern die stilvoll mit Anzug und Zylinder gekleideten Gildebrüder ihr traditionelles Fest. Geschossen wird am Strand mit alten „Donnerbüchsen“ auf einen prächtig bemalten hölzernen Gildevogel – den Papagoyenvogel, anschließend wird der König proklamiert. Am Wochenende darauf beginnen die drei tollen Tage der Borbyer Gilde. Deren Gründungsdatum ist nicht mehr auszumachen, die Papiere sind verbrannt, doch ist davon auszugehen, daß die Schützen-, Sterbe- und Knochenbruchgilde mit rund 1500 Mitgliedern nicht nur die größte, sondern auch die älteste der drei Eckernförder Gilden ist. Rund um den Festplatz, den alten Borbyer Dorfplatz an der Bergstraße, und den Schießplatz wird kräftig gefeiert. „Amtssprache“ ist plattdeutsch, und wer gegen die Statuten verstößt, wird in launiger Versammlung mit Bier- und Geldbußen bestraft. Noch heute ist die Holzbrücke eine magische Grenze, die die Borbyer Gilde auf dem Marsch zum Rathausempfang nicht überschreitet. Die Eckernförder Beliebung von 1629 schätzt hingegen als „stille Gilde“ die geziemende

Verschiedene Stilelemente zeigen sich auf einen Blick am Rathausmarkt in Eckernförde: Ein Geschäftshaus aus der Gründerzeit, ein Café im pittoresken Fachwerkstil und das Museum in einem doppelt gewalmten Anbau neben dem alten Rathaus, in dem die stadtgeschichtlichen Sammlungen seit 1987 ausgestellt werden.

Zurückgezogenheit ihrer Generalversammlung. Einst sorgte die Beliebung für die würdige Bestattung der Pesttoten und die Versorgung der Hinterbliebenen. Die Gildebrüder rauchen in der Versammlung lange, weiße Tonpfeifen und pflegen eine ungewöhnliche Aufnahmeprozedur: Wer in die Gilde aufgenommen werden möchte, hat einen größeren, mit Braunbier gefüllten Silberpokal „auf ex" zu leeren – Ältermann und Mitglieder feuern ihn an: „He schafft dat, he schafft dat nich, he schafft dat …" – die meisten schaffen es. Dem Namen nach gibt es noch eine vierte Gilde – die Plattdüütsch Gill. Die „Litmaaten" genannten Mitglieder haben sich ganz der Pflege der plattdeutschen Sprache verschrieben. Plattdeutsch hat in Eckernförde Gewicht. Seit einigen Jahren werden sehr erfolgreich Plattdeutsche Kulturtage mit Lesungen in Gasthäusern in Verbindung mit der Verabreichung regionaler Gerichte wie Birnen, Bohnen und Speck, Theateraufführungen und Podiumsdiskussionen veranstaltet.

Zum festen Personal der größten und wohl ältesten Gilde Eckernfördes, der Borbyer Gilde, gehört der Fahnenschwenker, der die Gildefahne mit Kraft und Geschick und von Trommelwirbel begleitet in großen Schwüngen kreisen läßt.

Wenn die Gildezeit zwei Wochen nach Pfingsten endet, beginnt im Grunde schon die Vorfreude auf die vier großen Feste im Sommer: die „Aalregatta", die „Eckernförder Festtage", die „Eckernförde Classics" und die „Eckernförder Piratentage". Die „Aalregatta" ist die Eröffnungsregatta der Kieler Woche und führt Mitte Juni Jahr für Jahr über 200 Dickschiffe in den kleinen Eckernförder Hafen. Wenn es die Skipper erlauben würden, könnte man trockenen Fußes von Ufer zu Ufer gelangen, so dicht liegen die imposanten Yachten Reling an Reling. Während der fünftägigen „Eckernförder Festtage" Anfang Juli stellen sich die Vereine der Öffentlichkeit vor und laden die Einwohner und Urlauber zum Mitfeiern ein. Besonders hervorzuheben sind die beiden Neuschöpfungen „Eckernförde Classics" und „Eckernförder Piratentage", die von den Besuchern begeistert aufgenommen wurden. Oldtimer zu Lande, zu Wasser und in der Luft stehen im Mittelpunkt der „Eckernförde Classics", die im Rahmen der Festtage zumeist am zweiten Juliwochenende stattfinden. Bindeglied der Veranstaltung für klassische Automobile, Traditionssegler und Doppeldecker ist Prinz Heinrich von Preußen, der auf dem nahe gelegenen Gut Hemmelmark wohnte. Der Bruder des Kaisers war ein begeisterter Autofahrer, war Marineadmiral und zählte Luftschiffbauer Graf Zeppelin zu seinen Freunden. Die Ver-

Während der „Aalregatta", die viele Segler zum Auftakt der Kieler Woche nach Eckernförde führt, bestimmen die Yachten das Bild im Hafen. Den Fischer auf dem einlaufenden Kutter „Ecke 104" läßt das bunte Treiben relativ kalt: Scheinbar achtlos läßt er die edlen Yachten backbord liegen.

anstalter konnten mit Herzogin Edwina zu Mecklenburg, die auf Gut Hemmelmark lebt, die Urenkelin Prinz Heinrichs als Schirmherrin gewinnen. Ein Jahr zuvor, 1997, feierten die „Eckernförder Piratentage“ am ersten Augustwochenende Premiere – ein Fest von ansteckender Fröhlichkeit mit großartig inszenierten Piratenüberfällen, Kampfszenen und mitreißenden Liedern von Piratenbräuten. Die Verbindung Stadt-Land stellt in vorbildlicher Weise das Erntefest der Pommerschen Landsmannschaft her, in dessen Verlauf Anfang September viele prächtig geschmückte Erntewagen durch die Stadt ziehen.

Wer genug gefeiert hat, findet bei Radtouren oder Wanderungen Entspannung und Muße. Eckernförde ist eine fahrradfreundliche Stadt und verfügt über mehr Radwege- als Straßenkilometer. Die nähere Umgebung lädt förmlich zum Erkunden ein, und der Europäische Wanderweg führt ebenfalls durch Eckernförde und an der Küste entlang. Reizvoll ist darüber hinaus der ausgeschilderte Rundwanderweg des IVV (Internationaler Volkssport-Verband), der an vielen sehenswerten Stationen entlangführt. Viele Vereine bieten mittlerweile im Sommer auch Trainings- oder Schnupperstunden für Gäste an. Möglichkeiten zur sportlichen Betätigung gibt es reichlich in Eckernförde. Segel-, Ruder-, Schwimm-, Angel-, Radfahr- und Wanderangebote sorgen dafür, daß Langeweile und Übergewicht auf Dauer keine Chance haben.

Das Borbyer Ufer des Eckernförder Hafens mit seinen historischen Gebäuden wurde in den vergangenen Jahren vorbildlich hergerichtet. Die Schließung der traditionsreichen Siegfried-Werft hat zwar ein wirtschaftliches Vakuum hinterlassen, das Betriebsgelände wird jedoch sinnvoll für Wohnzwecke sowie als Sitz für einen Yachtsportbetrieb und ein Restaurant genutzt. Vor der Holzbrücke ist der Liegeplatz des Traditionsseglers „Ethel von Brixham“.

Prunkstück im großen Saal des Eckernförder Heimatmuseums ist ein alter Tante-Emma-Laden aus Seeholz in Schwansen, in dem zu Beginn des 20. Jahrhunderts nicht nur Mehl und Bonbons verkauft wurden, sondern der auch als Ort der Kommunikation, des Dorftratsches, eine wichtige Aufgabe erfüllte. Einst Mittelpunkt des dörflichen Lebens, ist der Kaufmannsladen heute vielbestauntes Ausstellungsstück. Das Museum Eckernförde verfügt über eine sehenswerte Sammlung von Alltagsgegenständen bis hin zu wertvollen Eckernförder Fayencen. Der Fischerei ist eine eigene Abteilung gewidmet.

Handlung
von
GEORG HANSEN
Inh.
Geschw. Hansen
BÄREN
MARKE
KABA
HUSTELINCHEN
HUSTELINCHEN

Angeln: Vielfältige Angelmöglichkeiten gibt es an und auf der Eckernförder Bucht, dem Windebyer Noor, der Schlei und einigen Seen in Schwansen. Fischerei- bzw. Angelschein sind bei den Ordnungsämtern bzw. Pächtern erhältlich. Abfahrt des Hochseeangelkutters ab Eckernförder Hafen morgens um 7 Uhr. Angeln ist nicht nur eine beliebte Freizeitbeschäftigung, sondern bezeichnet auch die Landschaft am westlichen Ufer der Schlei, die zum Kreis Schleswig-Flensburg gehört.

Borby: Der Stadtteil Eckernfördes am Nordufer des Hafens wurde 1934 eingemeindet. Das Bewußtsein der Eigenständigkeit ist vor allem bei der älteren Bevölkerung noch stark ausgeprägt. Mit dem „Marien-Louisen-Bad" wurde 1831 der älteste Badebetrieb eröffnet.

Damp: Als einer der schönsten adligen Herrensitze im gesamten Herzogtum geht Damp in seinen Ursprüngen auf das 15. Jahrhundert zurück. Das Herrenhaus wurde 1595 bis 1597 unter Melchior von der Wisch erbaut. Einzigartig ist die Halle des Herrenhauses mit herausragenden Stuckarbeiten, einer großen Orgel und zwei Treppenläufen, die zur umlaufenden Galerie führen.

Eckernförde: Die 23 000 Einwohner zählende Stadt am Ende der Eckernförder Bucht wurde zwischen 1250 und 1288 gegründet. Charakteristisch sind die zentrale Lage von Innenstadt, Strand und Hafen und das unverkrampfte Verhältnis zwischen Fortschritt und Technik auf der einen und Umweltbewußtsein auf der anderen Seite. Die Stadt mit hohem Wohn- und Freizeitwert in ausgesprochen reizvoller Lage ist das Zentrum der Landschaften Schwansen, Hüttener Berge und Dänischer Wohld und Garnisonsstadt mit militärischen und zivilen Dienststellen, U-Boot-Hafen der Marine und Standort der Waffentaucher.

Fayencen: Die Eckernförder Fayence-Manufaktur hatte ihre große Zeit unter Friedrich Wilhelm Otte im 18. Jahrhundert. Das aufwendige Produktionsverfahren mit starker künstlerischer Ausrichtung erfordert eine Brenntemperatur von 1200 Grad, anschließend folgt ein Glasurbad aus Zinn, Pottasche, Salz und Sand, schließlich die Bemalung mit Scharffeuerfarben wie Kobaltblau, Manganviolett oder Antimongelb. Bedeutende Fayencen aus der Manufaktur sind heute im Museum zu bewundern.

Fischerei: Um die Jahrhundertwende war der Fischfang zusammen mit der Fischräucherei wichtigster Wirtschaftsfaktor Eckernfördes. 350 Fischer unterhielten eine große Fischereiflotte und beschafften Frischfisch für die über 30 Räuchereien. Dezimierte Fischbestände, wachsende Konkurrenz und verlorengegangene Absatzmärkte im Osten sorgten für einen Niedergang der Fischerei und Fischindustrie. Heute gibt es nur noch ein Dutzend Berufs- und Nebenerwerbsfischer und zwei Räuchereien.

Grünholz: Seit 1855 ist das Gut Grünholz aus dem 15. Jahrhundert Wohn- und Verwaltungssitz der herzoglichen Familie zu Schleswig-Holstein-Sonderburg-Glücksburg. Samt allen dazugehörigen Gütern und Höfen ist Grünholz mit über 2000 Hektar der mit Abstand größte Gutsbetrieb in Schwansen. Das Herrenhaus überstand 1888 den großen Brand, dem nahezu alle sonstigen Gebäude zum Opfer fielen, unbeschadet.

Gudewerdt: Die berühmte Eckernförder Holzschnitzerfamilie prägte die schleswig-holsteinische und dänische Bildschnitzkunst von 1595 bis 1670 maßgebend. Hans Gudewerdt der Ältere und sein Sohn, Hans Gudewerdt der Jüngere, fertigten zahlreiche Kunstwerke für Kirchen, öffentliche Einrichtungen und reiche Familien an. Besonders gelungen ist der Altar der St. Nicolai-Kirche in Eckernförde, den Hans Gudewerdt der Jüngere 1640 vollendete. Er schnitzte auch den Barockaltar der Kappelner Kirche.

Hemmelmark: Das adlige Gut aus dem 15. Jahrhundert an der Eckernförder Bucht unweit Eckernfördes besitzt ein außergewöhnliches Herrenhaus im englischen Cottage-Stil, das 1903/04 erbaut wurde. 1896 kaufte Prinz Heinrich von Preußen das Gut, das heute von seinen Nachkommen geführt wird.

Holzbrücke: Die Verbindung über den Hafen zwischen Eckernförde und dem 1934 eingemeindeten Stadtteil Borby wurde nach der großen Sturmflut vom 13. November 1872 notwendig und steht heute unter Denkmalschutz.

Kirchen: Die fünf Kirchen Schwansens, erbaut zwischen 1150 und 1400, befinden sich in *Kosel, Sieseby, Rieseby, Karby* und *Waabs.* Alle Gotteshäuser beeindrucken mit ihrem architektonischen Reiz, wie beispielsweise die Koseler St. Laurentius-Kirche mit ihrem einzigartigen Rundturm. Im Innern befinden sich sehenswerte Schnitz- und Steinmetzarbeiten. In Loose und Barkelsby stehen Kapellen, und im Ostseebad Damp gibt es das Kurseelsorge-Zentrum „Die Insel". Von großer Erhabenheit und Schönheit ist die *St. Nicolai-Kirche* im Zentrum Eckernfördes, die größte und für viele die schönste Kirche des Kreisteils Eckernförde. Ihre Ursprünge gehen auf das 13. Jahrhundert zurück, zwischen dem 14. und 16. Jahrhundert wurde sie zur dreischiffigen Hallenkirche erweitert. Umfassende Renovierungsarbeiten wurden nach den großen Sturmfluten 1872 und 1913 erforderlich. Bedeutendstes Kunstwerk ist der von Hans Gudewerdt dem Jüngeren geschnitzte Hochaltar aus dem Jahr 1640. Die *Borbyer Kirche* wurde zwischen 1180 und 1210 gebaut. Der romanische Taufstein aus gotländischem Kalkstein aus dem frühen 12. Jahrhundert stellt die herausragende Arbeit im Kircheninneren dar. Der Altar (1686) stammt von einem unbekannten Meister, vermutlich aus der Schnitzerschule der Gudewerdts. Die *Kirche St. Peter und Paul* ist der Mittelpunkt der großen katholischen Gemeinde. Stolz ist man im Windebyer Weg auf die neue Kirchenorgel.

Ludwigsburg: Die Gutsanlage ist eines der großartigsten Beispiele barocker Architektur im Herzogtum Schleswig. Nach dem Vorgängerbau einer Wasserburg aus dem 14. Jahrhundert entstand im 16. Jahrhundert das erste und im 17. Jahrhundert das heutige Herrenhaus mit seiner berühmten Bunten Kammer. Das trutzige Torhaus stammt aus dem Jahr 1580. Bekannt ist Ludwigsburg für die herausragende Trakehner-Zucht und den beliebten Weihnachtsmarkt.

Museen: *Mühle „Anna", Rieseby-Norby:* Die heimatgeschichtliche Sammlung in stilechter Atmosphäre präsentiert Fundstücke aus der Steinzeit, dörfliches Handwerk und sehenswerte Modelle. Öffnungszeiten: Sonnabend und Sonntag 14 bis 17 Uhr, Gruppen nach Vereinbarung, Tel. 04355/291 und 999957; kein Eintritt, aber Spende erbeten.
Gutsmuseum Hohenstein: einziges Gutsmuseum in Schleswig-Holstein mit einer Sammlung von über 1000 Exponaten aus der Hohensteiner Gutswirtschaft. Öffnungszeiten: nur nach telefonischer Anmeldung; in den Wintermonaten geschlossen, Gut Hohenstein, Tel. 04351/752882 und 04358/1051.
Naturkundliches Info-Zentrum, Dörphof: Das Vogelmuseum und Info-Zentrum unweit des Naturschutzgebiets Schwansener See zeigt über 600 präparierte Vögel und Tiere aus der Region und der Arktis in nachgebildeten Lebensräumen. Öffnungszeiten: Mai bis September täglich 10 bis 12 und 14 bis 18 Uhr; im Winter nur nach Anmeldung, Tel. 04644/401.
Gedenkstätte Albatros: An der Außenmole des Yachthafens des Ostseebades Damp wird auf dem früheren Flüchtlingsschiff „Albatros" an die Versenkung des Flüchtlingsschiffes „Wilhelm Gustloff" am 31. Januar 1945 erinnert, bei der über 5000 Menschen starben.
Museum Eckernförde: Eine umfassende und überaus sehenswerte Darstellung der Stadtgeschichte findet der Besucher auf drei Etagen im alten Rathaus direkt am Rathausmarkt mit archäologischen Fundstücken, Modellen und Urkunden. Themenbezogene Abteilungen informieren über Fischerei, Handel, Fayencen, die Entstehung des Ostseebades, den Tag von Eckernförde, Flucht und Neubeginn, Spielzeug, die Schnitzerfamilie Gudewerdt und Elektrogeräte. Dazu kommen ein hervorragend hergerichteter Kaufmannsladen und anspruchsvolle Wechselausstellungen. Die Dependance in der Ottestraße 1 zeigt die Dauerausstellung „Vergessen und verdrängt" zum Thema Nationalsozialismus. Öffnungszeiten: Dienstag und Freitag 15 bis 17 Uhr, Sonnabend und Sonntag 10 bis 17 Uhr, Donnerstag 10 bis 20 Uhr; Führungen nach Vereinbarung, Tel. 04351/712547.

Ostseebad Damp: 1973 wurde das Ferienzentrum eingeweiht und hat den Tourismus in Schwansen entscheidend vorangetrieben. Der große Klinik-, Reha- und Freizeitbereich mit Ganzjahresprogramm und vielfältigen Sport- und Freizeitmöglichkeiten spielt eine wichtige wirtschaftliche Rolle in der Region.

Ausgangs- und Anlaufpunkt vieler Ostseetörns – der Yachthafen in Damp mit der markanten Hafenpyramide im Hintergrund.

Das Anfang der siebziger Jahre erbaute Ostseebad Damp ist die Ferienhochburg Schwansens. Neben vielen Sport- und Freizeiteinrichtungen besitzt Damp auch einen großen Klinik- und Rehakomplex.

Schwansen: Die Halbinsel zwischen Eckernförder Bucht und Schlei wird durch die Städte Eckernförde und Kappeln begrenzt. Mit 250 Quadratkilometern umfaßt sie nur etwa ein Viertel der Fläche Angelns am gegenüberliegenden Schleiufer. Schwansen ist ein Siedlungsschwerpunkt adliger Güter mit imposanten Herrenhäusern und Hofanlagen. Das reizvolle Hügelland mit 13 Gemeinden und viele Siedlungen wird überwiegend landwirtschaftlich genutzt. Großartige Wander-, Reit- und Radfahrmöglichkeiten gibt es abseits der großen Verkehrswege.

Saxtorf: Das einstmals sehr bedeutende und reiche Gut zwischen den Dörfern Rieseby und Loose wurde erstmals Ende des 15. Jahrhunderts erwähnt. Vorher befand sich hier vermutlich ein Dorf. Das erste Herrenhaus aus dem Jahr 1648 brannte 1847 ab. 1851/52 entstand der Bau des jetzigen Herrenhauses im Tudorstil.

Yachtmatrosen: Des Kaisers Matrosen auf den großen, eleganten Rennyachten aus Eckernförde gründeten 1906 den „Verein der Eckernförder Yachtmannschaften". Die Mitgliedschaft galt als Auszeichnung und Bewährungsprobe für die Eckernförder Fischer, die in der fangfreien Zeit im Sommer die Yachten von Majestäten und Industriemagnaten von Regattasieg zu Regattasieg segelten.

Sörup
Satrup
Mohrkirch
Süderbrarup
KAPPELN
Maasholm
Arnis
Kopperby
Karby
Brodersby
Damp
Böklund
Tolk
Twedt
Ülsby
Thumby
Schnarup-Thumby
Idstedt
Stolk
Brekling
Ulsnis
Goltoft
Rieseby
Holzdorf
Waabs
Lindau
SCHLESWIG
FRIEDRICHSBERG
Fahrdorf
Borgwedel
Busdorf
Jagel
Selk
Geltorf
Kosel
Gammelby
Barkelsby
Karlshöhe
Windeby
ECKERN-FÖRDE
Osterby
Hütten
Ascheffel
Damendorf
Gettorf
Kropp
Noer
Naturpark
Hüttener Berge
Schwansen
Angeln
Schlei
Große Breite
Eckernförder Bucht
Windebyer Noor
Gunnebyer Noor
Selker Noor
Langsee
Ostseebad Damp